滨海湾区城市群协同发展研究

张　艳　著

中国商业出版社

图书在版编目（CIP）数据

滨海湾区城市群协同发展研究 / 张艳著. -- 北京 : 中国商业出版社, 2020.8

ISBN 978-7-5208-1235-1

Ⅰ. ①滨… Ⅱ. ①张… Ⅲ. ①海湾－城市群－协调发展－研究－中国 Ⅳ. ①F299.27

中国版本图书馆CIP数据核字(2020)第160056号

责任编辑：于子豹　袁　娜

中国商业出版社出版发行

010-63180647　　www.c-cbook.com

（100053　北京广安门内报国寺 1 号）

新华书店经销

北京军迪印刷有限责任公司印刷

★

787毫米 ×1092毫米　16开　10.25 印张　100 千字

2020 年 8 月第 1 版　　2022 年 8 月第 2 次

定价：52.00 元

★★★★

（如有印装质量问题可更换）

前 言

在全球经济迅速发展的时期，当代世界进入了海洋经济和海洋文化时代，沿海国家越来越重视海洋开发。在这个时代背景下，海湾经济的发展成为各环湾城市关注的焦点。湾区是滨海城市特有的一种城市空间，是海岸带的重要组成部分，有着丰富的海洋、生物、环境资源和独特的地理、生态、人文、经济价值。环湾城市的发展自古以来依托于湾区得天独厚的自然资源，是环湾城市发展的基础，为整个城市的发展，甚至对区域经济产业和文化发展都起到有力的带动作用。

滨海湾区是沿海城市特有的城市区域，陆地与海面的边沿大致呈U形或圆弧形、濒临海湾。滨海湾区作为特殊的滨水空间地带，需要注重公共空间的质量和物质环境的质量控制，城市群协同发展。总之，滨海湾区的发展和城市建设对整个城市的发展具有重要的推动作用。

基于此，笔者撰写了《滨海湾区城市群协同发展研究》，全书以滨海湾区城市群协同发展研究背景、意义、目标、内容、现状、综述及其问题与创新为切入点，重点探讨滨海湾区城市群协同发展理论基础、基于协调角度的滨海湾区发展概况、我国滨海湾区城市发展的协调性评价指标、我国滨海湾区协调机制、国外成熟湾区的协调机制借鉴及其政策建议。

本书的特色之处在于结构上按照由浅入深的写作思路展开，力求以准确与科学的文字进行表述，阐述长三角湾区与粤港澳大湾区协同发展的机遇与挑战；突出内容的先进性，对滨海湾区发展的相关政策进行梳理，包括2018年发布的《G60科创走廊松江宣言》、2019年印发的《粤港澳大湾区发展规划纲要》等。全书资料翔实、层次分明，具有重大理论和实践意义。

笔者在撰写本书的过程中，得到了专家、学者的帮助和指导，在此表示诚挚谢意。由于笔者水平有限，加之时间仓促，书中所涉及内容难免有疏漏之处，希望读者多提宝贵意见，以便笔者进一步修改，使之更加完善。

作　者
2020年4月

目　录

第一章　绪　论 1

第一节　研究背景及意义 1

第二节　研究目标及内容 8

第三节　研究现状与综述 9

第四节　研究问题与创新 25

第二章　滨海湾区城市群协同发展的理论基础 27

第一节　相关概念 27

第二节　理论基础 46

第三章　滨海湾区发展概况——基于协调角度分析 61

第一节　滨海湾区发展的政策梳理 61

第二节　滨海湾区协同发展成效分析 70

第三节　滨海湾区发展问题分析 76

第四节　滨海湾区发展的机遇与挑战 82

第四章　我国滨海湾区城市发展的协调性评价指标分析 87

第一节　模型建立 87

第二节　指标选取 93

第三节　指标评价 94

第五章　我国滨海湾区协调机制研究 100

第一节　我国区域开发与协调发展 100

第二节　区域经济协调发展的评价机制分析 102

第三节　长三角湾区发展协调机制与指标评价 105

第四节　粤港澳大湾区发展协调机制与指标评价 113

第五节　总结 121

第六章　国外成熟湾区的协调机制借鉴 122

第一节　世界三大湾区协调机制探究 122

第二节　旧金山湾区的启示 127

第三节　纽约湾区的启示 131

第四节　东京湾区的启示 135

第七章　政策建议 137

第一节　长三角湾区城市群协同发展对策建议 137

第二节　粤港澳大湾区城市群协同发展对策建议 148

参考文献 155

第一章　绪　论

湾区是早期孕育滨海城市文明的地方，作为一类特殊的滨水用地，在资源经济时代、工业化时代和后工业化时代，同城市滨水区一样，经历了兴起、繁荣、衰败和复兴的发展过程。本章重点探讨滨海湾区城市协同发展的研究背景、意义、目标、内容、现状、综述及其问题与创新。

第一节　研究背景及意义

一、研究背景

2018年11月5日，第一届中国国际进口博览会在上海举行。为了更好地发挥上海等地区在对外开放中的重要作用，我国将支持长江三角洲区域一体化发展上升为国家战略。2019年2月18日，中共中央、国务院印发了《粤港澳大湾区发展规划纲要》（以下简称《纲要》）。《纲要》提出，粤港澳大湾区包括香港特别行政区、澳门特别行政区和广东省广州市、深圳市、珠海市、佛山市、惠州市、东莞市、中山市、江门市、肇庆市，总面积5.6万平方公里，2017年末总人口约7000万人，是我国开放程度最高、经济活力最强的区域之一，在国家发展大局中具有重要战略地位。粤港澳大湾区的建设开启了粤港澳合作发展的新阶段，党的十九大更是明确指出，要将香港和澳门融入国家发展大局，将大湾区打造为世界级城市群和国家参与全球竞争的重要空间载体。

城市群作为体现宏观战略和实践创新发展的重要空间载体，必将继续发挥其主体作用；同时，经济新常态带来的发展挑战，又进一步推动改革迈向深水区，并赋予城市群重构经济发展空间格局、释放经济改革红利的重大责任。作为全国发展水平最高的城市群之一，滨海湾区城市群在空间和经济格局中具有特殊地位，也是率先面临和应对“双新”挑战的地区。下面以长三角城市群为例，探讨滨海湾区城市群协同发展的研究背景。

（一）滨海湾区城市群发展阶段

1. 城市群发展阶段及其特征

城市群是在一定地域范围内，形成集中分布态势的若干城市共同构筑的多核心、多层次的大型城市联合体，是区域城市空间发展的最高级形式。城市群的形成和演化可以划分为四个阶段：第一阶段为城市孤立分散阶段；第二阶段为城市弱联系阶段；第三阶段为城市群雏形阶段；第四阶段为城市群成熟阶段。

城市群空间关系演进有着明显的阶段性需求与外在特征，具体表现为处于第一阶段的城市群在空间上缺乏联系，空间关系较为松散；处于第二阶段的城市群随着城市群内中心城市的集聚与扩散，城市群内相关城市寻求空间对接、设施对接的诉求已经产生，在城市群空间关系上处于“对接阶段”；第三阶段，城市群内在联系趋于紧密，经济联系、交通联系、环境保护、产业合作等方面的需求较为强烈，在空间关系上需要整合、优化，协调的需求与矛盾也逐渐凸显，因而在城市群空间关系上处于“协调阶段”；第四阶段，当城市群进入成熟发展阶段，共同的发展诉求、目标、价值导向开始逐步形成，行政边界限制下城市个体的利益价值导向被城市群区域价值所取代，并以此引导城市群进入到一体化、全方位合作共赢发展的新阶段，在空间关系上更多地表现为在同一诉求或目标下展开关联性非常强的协同行动，处于“协同阶段”，也是城市群空间关系演化的高级阶段。

2. 滨海湾城市群发展阶段及其特征

以长三角城市群为例，其空间关系的演化历程也清晰地展现出上述四个阶段的明显特征，具体如下。

（1）1982 年—1991 年处于城市孤立分散阶段，国家自上而下推动开展长三角城市合作，建立长三角经济圈，边界分割下的地方利益与宏观战略产生对立，城市空间联系松散，区域合作成效有限。

（2）1992 年—1996 年处于城市弱联系阶段，地方自发组织开展长三角协作、对接，上海、杭州、南京等 14 市经协委（办）成立长江三角洲十四城市协作委（办）主任联席会，在空间关系上开始尝试进行相关领域的对接与协作。

（3）1997 年—2007 年处于城市群发展雏形阶段，在空间关系上呈现出协调发展状态，阶段内长江三角洲城市经济协调会成立，泰州、台州等城市陆续加入城市群，形成 16 市核心区，空间协调发展第一次有了明确的空间层次与对象，协调发展实际诉求已经产生和具体化。

（4）协调向协同发展提升阶段（2008年至今），长三角城市群作为世界第六大城市群的呼声渐高，逐渐进入成熟阶段，国家首提“长三角区域一体化”重启顶层战略推动，“协同”与“一体化”成为主题，在宏观战略和地方组织双重推力下，城市群空间范围扩充至三省一市，协同的要素范畴也逐步拓展，并取得较大成效。长三角城市群空间发展阶段，具体见表1–1①。

表1–1 长三角城市群空间发展阶段

空间关系状态	时间	主要推动力量	城市群价值导向
松散阶段	1982年—1991年	国家	城市个体价值
对接阶段	1992年—1996年	地方	城市个体价值
协调发展阶段	1997年—2007年	地方	城市个体价值
协调向协同发展提升阶段	2008年至今	国家、地方	区域整体价值

（二）滨海湾区城市群走向协同的必然趋势

发展至今，滨海湾城市群内城市之间的空间联系正迈向深化协同阶段。传统行政边界分割下的地方保护主义和国内生产总值（GDP）导向的地方政绩评价标准，在区域发展过程中造成的诸多矛盾和问题已被广为反思，城市群的区域意识逐渐觉醒，行政壁垒逐步打破，城市群开始共谋整体未来，基于空间载体的协同关系有望加速形成。

1. 发展阶段奠定滨海湾区城市群协同基础

天然的地缘优势、资源条件以及多年的曲折探索历程，为滨海湾区城市群奠定了较为坚实的发展基础，也创造了未来同行的前提条件。

共同建设世界级城市群的目标明确。随着东亚经济的崛起，世界经济和文明中心正在发生新一轮转移，向太平洋西岸（亚欧大陆东部板块）转移的趋势明显。作为全球先进的制造业与重要服务业中心的滨海湾区城市群发展动力充足，例如，上海作为城市群核心参与全球城市竞争的势头强劲，城市群内共筑开放稳定区域格局、走向国际、融入全球市场的发展目标明确。即便当下区域经济发展进入新常态时期，滨海湾区城市群仍然拥有在全球城市群中遥遥领先的经济增长速度，以及较强的后劲和潜力。

城市空间功能互补格局鲜明。以长三角城市区为例，在规划指引建设下，长三角区原有两省一市逐步形成“一核九带”的空间格局，呈现差异化分区发展态

① 邹军，姚秀利，侯冰婕．“双新”背景下我国城市群空间协同发展研究——以长三角城市群为例[J]. 城市规划，2015，39（04）：9-14+26.

势：以上海、南京、杭州为中心建立的16市城市群核心区不断强化其功能的高端化、集聚化、国际化趋势；苏北、浙西南以及新近加入的安徽片区突出展现腹地功能，以共建园区为主要空间载体的城市群产业协同也在稳步推进，有效地拉动了腹地地区经济增长和城市间交流联动，合理疏解核心区过于集中的部分功能。“核心—腹地”的分区发展态势基本显现。

2. 发展矛盾促进滨海湾区城市群空间转型

在长三角城市群向协同阶段迈进的同时，城市群自身及内部的空间矛盾也逐渐凸显。

1982 年至今，长三角城市群空间范围已经变更五次之多，城市群空间范围的不确定性导致基于空间的区域要素一体化工作无法有序推进，不同阶段编制的城市群规划或研究在空间结构以及重点地区等方面都不尽相同，给各城市自身定位、发展方向带来困惑，也造成制度设计反复和发展要素资源浪费。

长三角城市群空间发展差距十分显著，其具体表现在区域差距和城乡差距两方面。从区域看，上海是发展水平最高的核心城市，16 市城市群核心区次之，而苏北、浙南、安徽片区等核心区外的地区经济社会发展水平差异较大。以江苏为例，一方面，尽管苏北地区发展势头良好，但与苏南相比，绝对差距仍然巨大；另一方面，长三角城市群内城乡发展空间差异巨大，尤其是苏北、浙西、皖北农村与城市发展水平差别明显。以江苏为例，自 2000 年以来，由于基数差距较大，城乡居民收入绝对值差距不断扩大的趋势仍在延续。

当前，长三角城市群在沿江、沿海、环太湖等地区的水环境治理、长江中下游大气污染和城镇土地粗放利用等方面的生态环境问题较为严重，而行政边界割裂空间以及区域协作治理机制的不完善，导致环境污染治理和污染事件应急行动较难协调和落实，进一步加剧区域内环境违法和生态破坏现象以及责权不明、邻避效应、跨界污染纠纷等问题频发，环境保护负外部性明显，成为制约城市群发展的瓶颈。

3. “双新”格局引领滨海湾区城市群发展方向

新型城镇化和经济新常态的“双新”主题在给滨海湾区城市群带来协同发展的推动力和解决现状问题的契机同时，也引领城市群空间协同发展转型和重构。

新型城镇化为城市群后续的城镇化道路指明方向，一方面，城市群将继续作为国家推进新型城镇化的主体形态展现其价值，尤其处于关键空间格局地位的长三角城市群，更将发挥其在宏观战略中的引导和带动作用；另一方面，包括新户籍制度、土地制度改革等一系列意见政策的出台，都对长三角城市群区域城镇体系的调整、人口与资源要素的流动、城乡统筹发展等提出要求，有待通过城市群的协同共建，加快群内城市的新型城镇化进程。

新时期的对外贸易导向强调进出口双管齐下。作为以上海为核心的长三角城市群、全国开放型经济最发达的区域之一，更需要积极地以空间载体的协同建设推动产业共建共赢、协作分工，优化和完善城市群开放型经济体制，建立高端高效、协同稳定的城市群产业结构，以增强整体综合竞争力，应对国际市场的激烈竞争和风险，提升在国际市场中的地位。

海湾区城市群的发展现状，基本奠定了城市群从协调发展向协同发展加速迈进的前提条件，而发展历程中出现的矛盾和问题，对城市群的下一步发展提出了转型要求。在此关键时期，新型城镇化和经济新常态“双新”背景为海湾区城市群的未来发展指明方向，“以空间格局重构促空间发展协同”成为利用资源、解决问题的必然道路，城市群的整体价值将基于空间转型而持续放大，并作为区域发展核心和最大经济效益综合体，以裂变式的反应形式对全国经济空间格局产生带动。

（三）滨海湾区城市群空间协同的空间重构

1. 滨海湾区城市群空间协同的总体思路

基于依托发展条件、解决发展问题、应对“双新”挑战的目的，海湾区城市群空间协同需要明确范畴，进而建立协同的共识原则和协同的战略方向。

以长三角为例，根据《长三角地区贯彻国务院〈指导意见〉共同推进若干重要事项的意见》《长江三角洲地区区域规划》和长三角城市发展现状，界定上海、江苏、浙江、安徽三省一市为长三角城市群，以上海、南京、杭州等16市作为长三角城市群核心区，核心区以外的长三角城市划定为外围圈层城市；核心区内，上海与其周边的苏州、南通、嘉兴、宁波、舟山等构成上海大都市区。在空间范畴明确基础上，只有引导群内城市在具有相对共识的空间发展框架下充分竞争，城市群空间协同发展才可能避免反复和低效，稳步向前推进。

城市群协同发展必须建立在共同的区域价值观之上，在新时期背景下，以“利益共享、体制先行、市场主导、政府引导”为海湾区城市群空间协同发展的基本共识原则，消除行政壁垒和地方保护主义的狭隘思想，建立适应城市群协同发展的制度环境和空间载体，在竞争性领域放手市场，在合理框架内自由发挥主导作用，使城市群内资源差异性、功能互补性、规划统一性以及市场竞争性得以在空间协同的统领下得到充分发挥，让海湾区城市群得以不断释放发展活力。

转变传统区域规划思维，在海湾区城市群推行空间层次化、差异化发展的总体战略思路，以“外围崛起、内核转型”作为海湾区城市群空间协同方向，在经济实力雄厚的海湾区城市群核心区，加快蜕变转型，积极应对经济新常态，推动经济增长方式由投资驱动向智慧增长、由世界工厂向世界总部、由专业分工型向综合协同型方向改革，率先面对新型城镇化以及土地制度、户籍制度改革等相关新政策对城镇发展的作用，使之成为引领海湾区域一体化中新型城镇化和城乡统筹发展的示范地区。

2. 滨海湾区城市群空间协同的格局重构策略

在明确滨海湾区城市群空间协同总体思路基础上，需要着重抓住中心、探寻新的增长点、发展轴线、都市区、跨界地区等关键空间载体，推动海湾区城市群空间格局重新建构。

在滨海湾区城市群核心地区，引导单中心向多中心空间格局转变，例如长三角区域，以上海中心城市为基础，进一步提升南京、杭州、合肥的中心城市地位，建立“一主三副”的长三角城市群中心体系。同时，将中心辐射范围作为高度协同发展地区，进一步加强上海大都市区、南京都市圈、杭州都市圈、合肥都市圈的建设，使之成为长三角城市群内部率先实现空间协调向空间协同转变的主要载体。

在长三角空间范畴扩充至三省一市局面下，南京成为区域的新地理中心，可以在交通网络完善的基础上，进一步强化科教文化中心等重要职能，发挥对长江经济带的示范与引领作用，在新格局中起到核心辐射、承东启西、协同联动的关键价值。

例如，长三角外围圈层地区可以重点打造城市群新增长点，以点带面，加速外围圈层崛起。可以引导外围圈层苏北、浙西南、安徽片区产业和人口有序集聚，培育特色鲜明、功能互补、具有竞争力的多个新增长极城市，主要包括徐州、淮安、连云港、金华、蚌埠等。其中，连云港作为新丝绸之路与海上丝绸之路的空间交会点，肩负新时期“一路一带”海陆大枢纽的历史使命，将立足港口城市、开放城市的特色优势，不断深化对内与对外两个扇面的合作交流，建设丝绸之路经济带——东方港口和海上门户，带动长三角城市群外围圈层崛起发展，并成为新时期全国经济空间格局重构的关键战略点。

强化纵向轴线，优化横向轴线，形成网络化的空间协同格局。以交通路网、城镇集聚区、空间区位等为联系基础，建立纵横交织的轴线网络空间格局。

总之，本书以城市群的协同发展为切入点，以长三角一体化建设和粤港澳大湾区建设为研究目标，针对我国滨海湾区高质量发展的协调机制展开研究，以期为我国滨海湾区的发展建言献策。

二、研究意义

有利于构建完善的环境治理协作机制。滨海湾区内各部门、企业和公众均有自身利益和发展要求，建立区域统一规划和统筹负责的机构，是推进滨海湾区生态环境保护的必要措施。建立符合各自体制情况的区域规划协调与管制机构，不仅有效提高区域生态环境保护建设和管理的效率，还能结合、协调各方面利益，以求得共同发展。

强化以创新驱动为主导的绿色产业发展战略。滨海湾区发展需要解决有限的资源环境承载力与长期发展之间的矛盾，因地制宜地挖掘经济增长点，适宜进行产业转型升级以及社会生活的优化，才能推动具有地方特色的可持续发展。例如，纽约滨海湾区根据产业基础，形成以金融服务业为主导、第三产业繁荣发展、第二产业共同发展的产业结构体系；旧金山湾区基于科技创新优势，形成以科技创新为主导的产业与环境可持续发展体系；东京湾区则是在原有工业基础上，通过产业集群，实现环境以及经济发展的双赢模式。三大湾区都基于自身经济基础与发展优势，不断探索发展模式，为湾区的发展提供坚实且可持续的经济驱动力。

加快滨海湾区环境信息共建共享。公众参与和环境信息共建共享机制的建立，已成为国际湾区环境管理中的重要特征，让多方角色参与区域环境治理规划与实施，不仅是民主政治制度的具体体现，也有助于形成环境治理多元共治结构。①

① 范丹，王明旭. 国际三大湾区环境保护对粤港澳大湾区的经验启示[J]. 环境科学与管理，2019，44（04）：13-16.

第二节　研究目标及内容

一、研究目标

随着我国滨海湾区经济的不断发展，滨海湾区内各城市之间如何能够协同发展、如何能够以高质量发展理念与滨海湾区协调发展机制作为研究，已经成为一个无法回避和亟待解决的问题。通过本书研究，希望城市之间应发挥自身优势，在政府规划和市场配置前提下，错位发展、协同发展。以中心城市为核心，带动周边城市发展，使各种要素自由地流动起来，突破城际阻碍。同时，在滨海湾区的发展过程中也要避免因人口会聚给环境造成的危害。只有滨海湾区内各个城市协同发展，才能发挥滨海湾区的整体作用，助力我国经济深化发展。

二、研究内容

本书一共分为七个章节，每个章节具体安排如下：

第一章：绪论。本章概述了本书的研究背景及意义、研究目标和内容、国内外研究进展、存在的问题和本书的创新点。

第二章：滨海湾区城市群协同发展理论基础。首先，对滨海湾区的内涵进行详细解读；其次，对协调机制的内涵机理进行系统分析。在了解相关概念以后，从理论的形成、特点等方面，对城市群理论、增长极理论、产业集群理论、协同学理论、可持续发展理论五个理论进行系统、完整论述。

第三章：滨海湾区发展概况——基于协调角度分析。首先对中央和地方有关滨海湾区发展的政策进行梳理。梳理完相关政策以后，对目前滨海湾区发展所取得的成效、存在的问题及其原因，以及机遇和挑战进行总结和分析。

第四章：我国滨海湾区城市发展的协调性评价指标分析。从模型建立、指标选取、指标评价三个方面，对区域协调发展中地方政府之间横向合作的评价指标体系和城市群空间组织效率两个体系进行分析，以评估滨海湾区发展的协调性。

第五章：我国滨海湾区协调机制研究。首先，总体论述我国区域开发与协调发展；其次，对区域经济协调发展的评价机制进行分析；最后，分别阐述长江三角湾和粤港澳大湾区发展协调机制与指标评价，并进行总结。

第六章：国外成熟湾区的协调机制探究。首先，从整体上对世界三大湾区协调机制进行介绍；其次，基于各大湾区的特点，详细阐述对我国滨海湾区协调机制建设的启示。

第七章：政策建议。从长三角湾区城市群协同发展与粤港澳大湾区城市群协同发展两个方面，对我国滨海湾区高质量发展的协调机制建设建言献策。[①]

第三节 研究现状与综述

一、国内相关研究现状

（一）国内海陆经济一体化

中国是一个海陆兼备的国家，根据领海与毗连区制度及《联合国海洋法公约》，我国领海及海洋国土面积约为300万平方公里。随着人口增长和人均消费水平的不断提高，陆域所承受的粮食、资源、水源和环境等方面的压力越来越大，我国将拓宽生存空间的目标转向海洋，逐步加大对海洋的开发力度已成为必然选择。我国于20世纪90年代首次提出海陆经济一体化概念，其概念首次应用于当时编制的海洋开发保护规划。

海陆经济一体化是海洋经济发展的新思维，也是解决沿海地区海陆经济发展和环境矛盾的一个有效措施。海陆一体化有广义和狭义之分，广义的海陆一体化定义不仅指海陆经济，还包括海陆社会、文化、交通、管理等统一与协调；狭义的海陆一体化更多的是指海陆经济一体化、海陆产业一体化，从资源开发、经济发展角度，强调海陆系统通过统一规划、联动开发、综合管理，将二元海陆经济系统作为一个统一整体，实现海陆资源有效配置。此外，我国海陆经济的关系和概念还有以下代表性的提法主张，具体见表1–2。

① 李政道.粤港澳大湾区海陆经济一体化发展研究[D].沈阳：辽宁大学，2019：8–27.

表 1–2 我国海陆经济的相关主张

相关内容	学者	观点
海陆一体化（海陆一体化是 20 世纪 90 年代初编制全国海洋开发保护规划时提出的一个原则，这个原则同时也适用于海洋经济发展和沿海地区开发建设。）	栗维新等	海陆一体化是根据海洋经济与陆域经济间的生态、技术、产业联系机理，依靠临海工业纽带作用，合理配置海洋产业和沿岸的陆域产业，不仅避免各涉海部门在海域使用上的相互冲突，而且实现海域功能分区与沿岸陆域功能分区的协调，使海陆经济间的矛盾降到比较低的程度，提高海洋经济和陆域经济的综合效益。
	任东明、张文忠	海陆一体化，是在开发海洋资源的同时，充分利用临海区位优势和海洋的开放性，发展临海产业，形成资金、技术、资源由陆域向海域，由海域向陆域的双向互动。
海陆统筹（海陆统筹是近年一些沿海省市制订海洋经济规划时提出的一个原则和发展战略。 海陆统筹主要包括四个方面：一是统筹海陆产业发展；二是统筹海陆基础设施建设；三是海陆环境统筹治理；四是海陆生产要素统筹配置。）	王元龙	从可持续发展角度论证中国海陆统筹的金融支持问题。
	韩立民等	提出“海陆经济带”之间的经济发展具有相对独立性，但经济带区域内之间的分工与合作非常密切，并且海陆产业结构呈现综合、多元和开放的趋势观点。
	栗维新等	说明统筹发展应包括“海陆统筹”。“海陆统筹”是科学发展观题中之义，并从产业特色角度对我国海洋经济区海陆产业发展特征进行比较，认为通过海陆产业的协调发展，以陆域产业、技术为依托，以陆域空间为腹地和市场，强化海洋产业的辐射和带动作用，可以实现海陆经济带的跨越式发展，同时论述海陆产业的合理布局。
	叶向东	提出海陆统筹的理论要义指在区域社会经济发展过程中，综合考虑海、陆资源环境特点，系统考察海陆繁荣经济功能、生态功能和社会功能，在海、陆资源环境生态系统的承载力、社会经济系统的活力和潜规则基础上，以海陆两方面协调为基础，进行区域发展规划、计划编制及执行工作，以便充分发挥海陆互动作用，从而促进区域社会经济和谐、健康、快速发展。

（续表）

海陆互动（海陆互动主要是指海陆经济的互动发展。）	海陆经济活动的意义：一是实现海陆资源互补；二是海陆产业联动发展；三是海陆环境能够相互制约改善；四是海陆经济互动发展，能够实现区域经济的协调发展。 一方面，由于海洋资源的丰富性，海域空间的广阔性，海洋交通的通达性，使得陆域的资金、技术、信息、人才不断由内陆向海洋转移和扩散，从而使陆域经济带动海洋经济发展；另一方面，在海洋经济发展的同时，也会通过产业关联作用促进相关陆域产业发展，从而实现海陆资源整体共同开发，沿海区域经济最优化发展。

虽然海陆一体化、海陆统筹、海陆互动之间存在密切联系，都是希望海陆管理能够协调统一发展，但是也存在区别。海陆统筹包含的内容更多，主要有经济、社会、自然的各个方面，既包括经济层面，也包括文化、精神层面以及制度层面，类似于广义的海陆一体化，而狭义的海陆一体化，主要指海陆经济一体化，海陆互动也主要指海陆经济子系统间的互动发展，主要侧重于沿海区域经济发展。此外，三者的观察视角也有所不同。海陆统筹是从地域的整体角度看待海陆关系，海陆之间相互补充，在开发利用上又存在一定矛盾，需要进行统筹。

海陆一体化是对海陆统筹提法的提升，打破海陆分离的观念，将海洋作为区域社会经济发展的支持系统，通过海洋产业系统和陆地产业系统之间的物质、信息、能量交换，实现海陆产业大系统的最优平衡。海陆互动则是以海洋经济子系统和陆域经济子系统为基础，通过海陆产业关联作用而实现海陆经济相互促进的具体途径。

1. 发展海陆经济一体化价值

未来，海洋经济必定会受到更多重视，而发展海洋经济的重要因素是海陆经济一体化。通过海陆经济一体化，可以有效实现海洋和陆域两部分生产要素的自由流动，并进行合理配置，加以有效利用，可以最大限度地实现海洋经济系统和陆域经济系统的融合，发挥出最大的经济效益。

全国编制海洋开发保护规划时提出要坚持海陆一体化原则。该原则不仅具有广泛的应用空间，还可以将其应用在海洋经济以及沿海地区的经济开发中。海洋开发战略有四大基本原则，其中一项原则便是海陆一体化。同时，海陆一体化涉及四个发展阶段，即渐次开发、适度超前快速开发、集约性开发和协调发展。

2. 海陆经济一体化的战略定位

发展海洋经济、开发临港产业、实现海洋资源能源的协调发展、可持续开发，是海陆经济一体化的发展战略。它包括集成化地完善现代海洋产业新体系、一体化地推动海陆产业要素流动、高端化地驱动海洋科技创新、协同化地整合区域海洋合作。

对选择某一地区进行海陆经济一体化建设的探讨，并提出相应的战略设计及措施。20 世纪 80 年代以来，我国海洋经济快速发展，沿海与内陆经济联系日益密切，在此背景下，沿海城市纷纷选择海陆经济一体化的发展道路，更多地注重海陆经济的联动效应，将“海陆一体”“海陆联动”作为区域经济发展思路。对海陆经济一体化进行研究后，国内学者开始对国内海陆经济一体化现状做实证分析，研究涉及从国家层面的沿海、内陆地区的经济联系到某一地区的具体海陆经济一体化研究，主要观点见表 1–3。

表 1–3 国内海陆经济一体化的相关研究

学者	观点
李芳芳	指出我国海陆二元结构存在差异，而在之前学者的研究中，海陆产业生产元素之间存在紧密联系，表明我国亟待对海陆经济一体化进行战略决策。
邓云锋	提到在发展海洋产业过程中，应充分依托陆地经济，借鉴陆地产业发展经验，加强对海洋经济的宏观管理，实现海洋产业结构的优化，达到海陆经济的相互发展。
鲍捷	提出我国海陆统筹战略对策建议，认为海陆统筹的核心内容是海陆区域复杂系统的协调，其过程包括海陆生态环境子系统的统筹，海陆经济子系统的统筹，海陆社会子系统的统筹以及海陆之间社会、经济、生态子系统之间的综合协调。
范雅静	分析北部湾地区海陆经济一体化发展的状况和规律，建立海洋经济和陆域经济的关联分析模型，从模型分析中得出海陆三次产业间的关联度有下降趋势，海陆经济没有很好地相互支撑、共同发展，发展海洋经济必须克服此类障碍。
李锋	以环渤海地区为研究对象，分析阻碍该区域海陆经济一体化发展的重要因素，并结合当地实际情况，运用相关理论，提出战略设计。
王磊	分析天津滨海新区发展海陆经济一体化所具备的优势与劣势，认清所面临的威胁和机会，从而提出该地区针对性的海陆一体化集成发展的战略构想。

（续表）

吴珊珊	分析大连市海陆经济关系的演变趋势，由单一的港口影响逐渐向海洋产业多元化作用转变，并从政府政策支持、加强港口建设、港城产业一体化发展和生态环境统一管理等方面，提出大连实施海陆经济互动的建议。
卢宁	从开发模式、产业结构、环境污染调控等方面构建研究框架，根据山东省海洋经济的具体情况提出发展措施，为决策者制定相关政策提供参考。

关于建立海陆经济一体化测度评价体系的研究。一个新兴概念和系统的出现，一定要有与之配套的评价体系。当前，从计算海陆产业关联度的角度来说，方法主要有投入产出分析法、灰色关联分析法、贡献率分析等；从实证分析角度而言，很多文献集中于研究海陆产业间的关联度、耦合度和耦合协调度等，分析沿海地区海陆产业与环境协调发展的综合效益，实现海陆经济一体化战略。

第一，灰色关联分析方法。灰色关联分析方法是根据因素之间发展趋势的相似或相异程度，即“灰色关联度”，作为衡量因素间关联程度的一种方法。关于灰色关联分析方法，相关学者利用其作出不同分析，具体见表 1–4。

表 1–4 灰色关联分析方法的利用

学者	灰色关联分析方法的利用
张英杰	基于灰色关联度模型，分析临海市海陆资源与产业的发展战略，从计算结果可以看出，临海市海洋产业链不仅产业关联度高，而且辐射面宽，既有规模效益好，产品附加值高，市场广阔，可增强海洋经济对内陆的辐射力，又可以加快临海市海陆资源和产业一体化经济的增长。
袁小霞	基于灰色系统理论基础，着重计算水产业与海陆经济一体化发展的关联程度，得出水产业自身内部的关联度与其他产业关联度相比较小，海陆一体化进程较为落后，需要采取一定措施加强。
杨洁	运用灰色关联度模型，对上海市海陆产业关联情况进行定量分析和关联度排序，总结出上海市海陆产业关联度较高，但海陆产业子系统有序度与海陆产业系统协同度较低，说明单纯依靠产业关联机制是无法实现海陆产业协同发展的。

第二，耦合度和耦合协调度。耦合度是对模块间关联程度的度量。关于耦合度和耦合协调度的利用，具体见表 1–5。

表 1–5 耦合度和耦合协调度的利用

学者	耦合度和耦合协调度的利用
黄瑞芬、王佩	选取相关研究对象，通过建立耦合度和耦合协调度模型，实证分析该区域海陆资源与环境之间的关联程度和协调发展程度。
王涛等	对影响海陆经济合作的资源共享度、相互依赖度和经济发展潜力三个要素进行对比，详细分析海洋经济和陆域经济子系统的比较优势，结果表明虽然海洋经济在资源占用和使用效率上逐渐取得优势，但是整体发展脆弱性较强。

第三，海陆关系的相关分析法。海陆关系的相关分析是研究两个或两个以上处于同等地位的随机变量间的相关关系的统计分析方法。海陆关系的相关分析法的利用，具体见表 1–6。

表 1–6 海陆关系的相关分析法利用

学者	海陆关系的相关分析法利用
于丽丽	从产业关联、要素流动两方面构建我国沿海各省海陆经济一体化的测度体系，验证其内在的驱动机理。通过实证研究结论，提出沿海地区发展海陆经济一体化的相关政策建议。
吴姗姗	运用贡献率分析和拉动效应分析，计算出海洋经济对区域经济的贡献以及海洋经济对陆域经济的产值拉动效应和就业拉动效应；运用层次分析法，分析主要海洋产业与陆域经济关系，得出港口是区域经济发展核心动力的结论。
戴桂林、刘蕾	采用系统论为指导，对海陆产业的关联问题进行细致分析，并在此基础上将海陆产业之间的联系由理论转化为实践启示，以期把理论研究与实践发展更好地结合起来。
赵亚萍	采用相关分析、产值贡献率对山东省海陆经济的关联性进行宏观、中观层面分析，表明海洋经济对腹地经济的拉动作用巨大，海洋二、三产业的贡献率最高，海陆产业结构从错位走向协调。
滕欣、董月娥	运用复制者动态方程对海洋经济和陆域经济的竞合协同关系进行表征，获得系统的动态均衡点，并结合相位图分析法对各均衡点的稳定性进行解释，得到不同的演化稳定策略。

关于海陆经济一体化可持续发展的研究。沿海地区是陆地系统与海域系统相互耦合的复合地带，海陆协调良好的生态环境是海陆经济互动的基础。然而，随着海陆经济的快速发展，沿海地区的环境问题日益严重，最突出的问题是近岸海

域污染问题，而海洋污染 80% 源于陆地。因此，国内对海陆经济一体化的研究重点也逐步落在可持续发展的研究方面。

可持续发展一直是我国的科学发展观之一，在研究自然、社会科学时要结合国情走可持续的绿色发展道路。虽然海洋占地面积广阔，经济潜能巨大，但同时也意味着实现海陆经济资源、环境的可持续利用非常重要。

（二）国内相关研究评述

1. 国内相关研究的不足

国内研究从海陆经济一体化概念的提出到运用定性和定量方法分析海陆一体化的关联性，并结合国内区域实践进行论证分析，研究的积累不断丰富了我国海陆经济一体化的理论基础，并为我国各沿海地区海陆经济一体化的战略开发提供数据依据。但从总体上来看，海陆经济一体化的研究成果还相对较少且存在不足。

对海陆关联的相关研究思维模式较固定，缺乏一定的创新和进展。随着研究的深入，初步形成我国海陆经济一体化的测度评价体系。但纵观国内对海陆一体化、海陆经济化的相关研究，对海陆关联性测算方式具有统一的倾向性，采用几种分析方法进行定性、定量分析海洋和陆域产业、经济等各方面的关联度，研究内容具有相同之处。

对海陆经济一体化的深入研究进程较慢。当前，随着国家对海洋经济的重视提高，国内对海陆一体化的研究文献逐渐增多，多集中在实例论证分析方面，缺乏对其进一步的深入研究，并且高质量、高层次、有影响力的文章较少。对重要会议报告的文献收集和归纳不够系统全面，相关专业人士的学习也不够深入；对海陆经济一体化的研究领域和方向较为单一而内容分散，没有形成系统分析；欠缺对海陆经济一体化的深入研究，研究成果近年来没有实质性进展。

研究内容倾向于应用实证论述与分析，尚未系统总结规律。国内学者对我国诸多沿海区域的海陆一体化有实证分析，如环渤海区、福建临海市等，但研究多属于应用性研究，缺少在众多实例分析中总结经验和规律，形成适合国情的海陆经济一体化战略对策。由于全面的研究很少，造成当前研究的广度和深度受到限定，研究缺乏体系性、前瞻性和战略性。

缺乏相关政策方面的研究。海陆经济一体化的政策是推动其发展最直接，也是最有效的方法之一，因此制定一个合理、具有前瞻性的政策特别重要。但国内对海陆经济一体化的政策研究不足，对法律和人文社会的影响重视度还较低。

海陆经济管理体制存在冲突，没有进行协调和结合。当前，我国海陆管理分属于两个体系，即我国区域经济管理体制属于行政区划体系下的地方管理体制；海洋经济管理属于条块管理体制。因此，两个管理体系之间不可避免地存在诸多矛盾和冲突。

没有形成有我国特定政治环境和特有经济环境的研究体系。在对国外经验学习基础上，虽然提出对我国经济一体化的建议，但缺乏与我国国情紧密联系的深入研究，存在理论和实践的差距空缺。

2. 未来国内相关研究的重点

未来的研究重点可以集中在以下方面。

（1）加强海陆经济一体化协调的涉海政策法规体系构建。①完善沿海经济发展的战略政策，随着海洋经济占有越来越重要的地位，沿海经济对区域经济带动作用日益增强，海洋经济与区域经济联系日益紧密。要实施海陆一体的沿海经济发展战略，就需要进一步完善临港工业区发展规划、区港联动、产业聚集、金融服务、科技支撑等相关政策。②健全海陆经济一体化的环境保护法律体系，当前我国最权威的海洋开发保护管理方面的法律法规是《海洋环境保护法》，相关的法律还有《海洋倾废管理条例》《防治陆源污染损害海洋环境管理条例》等，但这些法律法规大部分是专向的，缺乏能够约束各个行业的综合性基本法规，没有形成完整的法规体系。因此，今后的研究方向可以借鉴国外港湾的政策影响，协助政府和有关部门，制定合理的海陆一体化政策和法规，形成法律法规的框架和体系。

（2）加强对海陆经济一体化组织管理，对负责海陆经济一体化的组织进行职能分析，合理部署各司职责，将应用研究上升到管理层面上，形成系统的海陆经济一体化体系，构建海陆互动协调发展的机制是实现海陆经济互动协调发展的内在要求。因此，今后研究方向应加强有力的综合协调管理职能，减少不必要的行政成本，全过程、全要素地考虑管理的有效性和经济的合理性。

（3）加强我国对海洋经济的统计管理，研究建立合适的海洋经济管理信息系统，实时监测日常及重要的海域经济信息。此外，对召开有关学术和决策会议进行归纳整理，对每次会议的进展和提出的措施进行进一步分析。

（4）加强对海陆一体化发展思路的引领与创新。全球传统产业发展和工业化进程导致了一系列负面影响，未来将会出现新的产业革命范式，而我国海陆一体化发展应该遵循新产业革命路径，在海洋经济新兴领域的拓展和政策支持方面应该具有新的思路和模式。

各个产业都有自己独特的核心技术，而核心技术是该产业得以存在和长期发展的基本保证，海陆产业在技术上存在很强的关联性，使海陆产业技术相互依赖、相互促进。开发利用陆地资源的高新技术成果广泛应用于海洋经济领域，将带动海洋新兴产业的建立与发展，而海洋高新技术的发展以及新兴产业和新产品的出现，反过来会促进陆地相关产业的发展和科技进步。技术在海陆产业之间的传播、转移，使产业活动从陆域延伸到海洋，促进海陆产业间的技术合作，以及海陆产业链条的衔接。因此，建立海陆一体、相互支撑的科技创新体系，是促进海陆经济互动发展的重要保障。

在今后的研究中，研究者可注重在创新工作机制，整合海陆科技资源，对科技力量进行整合以及加快海陆经济科技人才的培养方面，研究出一套适合我国以及各地区沿海城市的人才培养计划，培养出海陆经济一体化规划、开发、管理等方面的新型人才。另外，加强海陆经济一体化进程管理，完善海陆经济一体化的衡量指标，继续研究海陆和谐度、海陆产业关联度，从区域经济学及系统理论角度出发，着重海洋和陆域的经济联系研究，探寻测度海陆经济一体化关联度的新方法和创新点。

（5）加强理论与实践的结合，对有指导意义和创新的海陆经济一体化战略政策，在国内进行试点研究，打破理论与实际的连接空白，在实践运用中发现不足，修改方案，将之改正，寻求创新，形成类似 PDCA（计划—Plan，执行—Do，检查—Check，处理—Act）的控制循环圈。

（6）结合我国新时代的国情背景，进行最适合我国发展需要的海陆经济一体化研究，具体如下：

第一，“一带一路”与可持续发展战略下的海陆经济一体化趋势。中国倡议的“一带一路”包含政策沟通、设施联通、资金融通、贸易畅通、民心相通等广泛系统的合作内容，是中国通过区域经济合作参与经济全球化、扩大对外开放的一项重大战略举措，是中国对当今世界经济政治秩序发生深刻变化、国际投资贸易格局和多边投资贸易规则深刻调整、世界各国面临发展问题依然严峻的现实回应。“一带一路”自提出以来，政策逐层演进，由构想到建议，由战略规划到实施行动，成为造福沿线国家的经济腾飞翅膀。

例如，我国粤港澳大湾区，在现有的各湾区（如北部湾经济、渤海湾经济等）中，粤港澳大湾区在经济体量、人口规模和人才资源方面发展程度最为成熟。粤港澳大湾区得天独厚的“背靠内陆、连接港澳、面朝东盟”的区位优势，是“海上丝绸之路”最好的实施地。粤港澳大湾区是由珠江三角洲及两个特别行政区构成，具体指广州、深圳、佛山、东莞、惠州、珠海、中山、江门、肇庆 9 个城市和香港、澳门两个特别行政区组成的城市群。

粤港澳大湾区地处中国南大门，陆域面积约 5.6 万平方公里，大陆和岛屿海岸线总长 3201 公里，地质条件优越，属于亚热带季风气候，温暖湿润，适宜居住，并且高校云集，吸引了大批人才，是我国积极参与全球竞争、努力打造世界级城市群的重要空间载体。

从湾区出发，向东是海峡西岸经济区，向西是北部湾经济区和东南亚，可通过南广铁路等陆路交通和海洋运输快速连接中国内陆与东盟各国，是国际物流运输航线的重要节点和“21 世纪海上丝绸之路”的重要枢纽。虽然，粤港澳大湾区经济发展条件较好、极具竞争力和吸引力，但也不可避免地存在陆域自然资源以及能源短缺、人口聚集密度过大、生态环境遭到破坏等一系列问题。所以，在“一带一路”大背景下，对粤港澳大湾区的海陆经济一体化研究显得尤为重要。

第二，在“命运共同体”下的海陆经济一体化建设。人类命运共同体是一个全球价值观，包含相互依存的国际权力观、共同利益观、可持续发展观和全球治理观。“命运共同体”强调和平与繁荣的重要性，维护这一地区稳定的重要性，维护文化的多样性和保护环境、尊重差别的重要性等。同时，需要加强经贸、能源资源、人文之间的交流，只有加快地区一体化进程，才能把一个有差别的地区统摄于一个命运的共同体内。①

二、国外相关研究现状

（一）国外海陆经济一体化

开发沿海经济带是许多经济发达国家和地区的成功经验。当前，全球有 3/4 的大城市、70% 的工业资本、70% 的人口集中在距海岸线 100 千米左右的沿海地

① 陈楠，陈可石，方丹青，等．中心区的混合功能与城市尺度构建关系——新加坡滨海湾区模式的启示 [J]. 国际城市规划，2017，32（5）：96-103.

带。沿海经济带，即海陆经济带，成为世界各沿海国家引领经济发展的重要战略基地。

海陆经济一体化是我国学者在 20 世纪 90 年代提出的概念，国外虽然对此术语的研究文献相对较少，但对海陆经济互动等相关内容还是有较多的研究和实践。

1. 海洋经济与陆域经济

1960 年，法国首先提出“向海洋进军”的口号，并成立了海洋开发研究中心。此后，美国、日本等国家也纷纷制订开发和利用海洋的科学计划；国际学术界建立了“海洋研究科学委员会”（SCOR），联合国教科文组织成立了“政府间海洋学委员会”（IOC）等专业性组织，以促进海洋研究的国际合作。

20 世纪 70 年代初，美国学者首先提出“海洋经济”这一术语，但这一术语只是少数在涉海研究中出现，没有涉及与其他领域的结合研究。1999 年，美国开始实施的“全国海洋经济计划”（NOEP），将美国涉海经济划分为海岸带经济（Coastal Economy）和海洋经济（Ocean Economy）两大类。其对海洋经济的定义是“包括全部或部分源于海洋和五大湖资源投入的经济活动”；“海岸带经济”是一个区域概念，其含义较“海洋经济”更为宽泛，既包括海洋，也包括许多非海洋的相关经济活动。

当前，全世界经济总量的 20% 以上，聚集在离海岸线宽度 100 千米的沿海、沿河地带，全世界经济发达地区都与港口结合在一起共生共荣。世界上六大城市群、产业带均分布于沿海、临港地区，分别位于美国大西洋沿岸和五大湖区，日本太平洋沿岸、英国伦敦一侧、欧洲巴黎至阿姆斯特丹一线。查尔斯・S. 科尔根曾在研究中建立了国家数据库，用于衡量与美国海洋和五大湖有关的经济活动，提出海洋经济改善了就业与产出，为后续建立有关海洋经济与自然资源变化和其他经济变化（陆域经济变化）的模型开辟了许多途径。而海岸带经济一直是美国对海洋进行管理的综合化方案。

国外学者从海洋经济的提出起，便对海洋经济的定义和经济体系进行了系统性分析，并且越来越重视海洋经济的影响。在对海洋经济的研究中，也逐步认识到海陆经济互动的重要性。朱迪斯・T. 基尔多等人对海洋经济系统进行了较新的定义和划分，在对各海洋国家的海洋经济和规模以及相关定义标准、范围比较后，同时结合工业和地理因素，提出了更为普遍的海洋经济定义，即在海洋中直接或间接发生并使用海洋产出的经济活动，同时还将货物和服务纳入海洋经济活动。

除此之外，他们还考虑了海洋经济之间的供应链关系，据此提出了新的定义和分类标准。

由于海洋资源的丰富性、海域空间的广阔性、海洋交通的通达性会吸引陆域的资金、技术、信息、人才不断由陆域向海洋转移和扩散，从而带动海洋经济的发展。当然，海洋资源也是有限的，其发展还和环境、政策等有关。如孟加拉国是一个临近海洋、长期依靠海洋经济带动国民国内生产总值（GDP）的国家，就孟加拉国的海洋经济现状进行定量和定性分析，可以得出海洋经济的机遇以及面临的挑战，海洋经济活动应按照蓝色经济理念实施，要让海洋经济维持长期繁荣，必须尊重环境，形成可持续的经济。

陆域经济是相对于海洋经济而言。陆域经济的发展历史悠久，陆地作为人类生产、生活的主要场所，一直是经济发展、产业布局的主要载体。20 世纪后期，随着全球性的环境问题日益突出，人类开始追求人地和谐与经济可持续性发展的“生态文明”，进入依靠科技发展经济的“知识经济时代”，逐步将海洋和陆域两大板块联系起来，共同组成世界经济的大系统。此后的研究也将两大经济系统联系起来，分析两者之间的耦合关系，减少二元性，注重海陆的协调发展。

2. 海岸带的综合管理

国外学术界对海陆经济联系的研究偏向于海岸带综合管理研究，是比经济研究更为广泛的范围。海岸带的一般定义指陆地与海洋相互作业的地带，包括向陆部分、大陆架被淹没的土地及其上覆水域。世界上最早提出海岸带综合管理的是美国，在 20 世纪 30 年代，美国 J.M. 阿姆斯和 P.C. 赖特提出对伸展到大陆架外部边缘的海洋空间和海洋资源区域采用综合管理方法。因此，国外海岸带综合管理的内容与研究，主要有以下四个方面。

（1）国外综合海岸带管理机制研究。20 世纪 90 年代后，各国对海岸带的管理越来越重视，纷纷建立起自己的管理机制，对海岸带综合管理的研究也越来越多。海岸带综合管理程序有两种主体参与的管理模式：一是利益主体参与仅限于出席会议、为政府提供建议和意见，不具有决策参与权利；二是需要政府、资源利用者和相关村镇不同程度进行参与，并享有一定程度的计划、规划参与权利。关于沿海管理工具的参与式设计方法，可以建立能够评价海岸带实施利益主体参与管理效果的指标体系，此方法包括三个阶段：①参与式过程中利益相关者有机会决定指标体系方向，定义指标；②在层次指标结构设计原则和标准基础上推导利益相关者的优先级；③进行过滤过程的选择，指标能够反映沿海地区的可行性和性能。

结合世界主要海洋国家发展情况看，世界海岸带管理机制大致存在三种管理模式：集中管理型、半集中管理型和松散管理型，每个沿海国家就自身情况选择合适的管理机制，对海岸带管理研究都较为成熟。

（2）海岸带开发的需求和人员规划。对海岸带的开发需要明确开发需求以及在海岸带综合管理上的人员布置和规划。21 世纪议程以及若干国际环境机构都有必要建立人力机构，对于沿海发展中国家的综合海岸管理和可持续发展是必不可少的，为此需要在海岸带综合管理规划和实施方面具有专门知识的沿海管理从业人员和组织。

（3）海岸带综合管理的生态问题。海岸带是海陆物质与能量的转换中心，也是人类高密度、高强度开发利用的地带，人类活动影响显著。在自然和人类各项活动的双重影响下，海岸带的资源环境系统产生了许多严重问题。国外一直比较关注此类由陆域活动影响海洋生态环境的问题，也在海岸带综合管理的可持续性发展办法上做了相关研究，具体见表 1–7。

表 1–7 海岸带综合管理可持续性发展的相关研究

学者	相关研究
多明格斯－特茹，E（Dominguez–Tejo，E）等	规划未来可持续发展沿海人口需要的有效实施生态系统管理框架，明确把人类活动与生态环境相结合，讨论基于生态系统的耦合框架方法与海洋空间规划，并将社会、经济和环境价值观融入空间规划分析中。
珍妮－巴普蒂斯特 马尔（Jean–Baptiste Marre）	将生态系统服务价值应用到与海岸带管理中，在大量调查和访问后，用强有力的经验证据表明，生态系统经济价值能够在沿海和海洋管理环境中得到充分利用。
伊冯巴蒂亚－奎妮（Yvonne Battiau–Queney）	沿海环境用不同的方式调和自然和保护生物多样性及可持续发展的重要性，让管理者、决策者更加注意到未来沿岸的发展不可脱离生态环境的约束。
毛利西奥（Mauricio）等	提出一种综合的、以生态系统为基础的、功能的、动态的、人为的方法研究和分析，在利用和开发海岸带时发生的各种因素、活动和过程。根据法律和制度框架、经济环境、资源、生态系统动态等各种约束，提出可以通过对海岸带进行可持续性管理，提高地区的综合社会经济价值。

（4）海岸带综合管理政策及立法。世界各发达国家都十分重视国家海岸带政策的制定，制定政策的主体或者是专家委员会，或者是海洋管理部门。各经济发达国家在海岸带管理上取得的成效，最关键的是有适用于海岸带的专门法律，依靠法律保证海岸带综合管理的顺利实施，所以各国学者针对自己国家的海岸带管理政策进行分析研究。1972 年美国正式颁布《海岸带管理法》，将海岸带综合管理作为一种政府活动正式开始实施；哥斯达黎加与 1977 年通过海岸带管理法；1992 年联合国环境与发展大会一致通过《21 世纪议程》第 17 章海洋保护部分，该章详细阐明了海岸带综合管理的意义。

3. 海陆经济一体化研究

海洋开发活动是陆地经济活动的空间延伸，海陆经济在空间上相互衔接、产业上相互渗透、技术上相互依赖、发展程度上相关，两者相互依存，协同发展。

由于海洋经济是一种新兴经济，国外对海洋经济的研究主要集中在海洋经济统计、海洋产业结构升级和海洋产业布局等方面，直至 20 世纪 90 年代，世界上大多数国家仍侧重于评价分析个别的海洋产业，如海洋渔业、海洋交通运输业和海洋油气业等海洋传统产业。之后，一些学者对海洋经济对于区域经济的影响进行研究，主要用投入产出法等计算海洋经济对陆域经济的影响程度等。当前，国外对沿海地区的海陆经济相关性研究逐渐增多，海陆一体化的概念也逐步走向国际化，具体见表 1–8。

表 1–8 海陆经济相关性研究

学者	相关研究
邦廷，斯图尔特 W（Bunting，Stuart W）等	结合沿海水产养殖业的发展，以系统思维、资源利用效率和与利益相关者的联合分析为基础，构建沿海产业新模式，研究将海域产业与陆域产业以及管理、金融和经济需求相结合，在产业研究基础上，指出海陆经济的相互联系和影响。
SSPM 居里（SSPM Curie）	基于渔业，对海域经济的不确定性是如何影响农民将农业生产的土地转化为湿地，表明农民的决策可以决定土地转换为湿地。与此同时，对渔业经济产生较大影响，带动海域产业发展。因此，陆地性质的变化以及人员对陆地使用的决策，很大程度上对海域经济产生带动和影响作用，在对沿海地区的研究中，需要将两者有意识地结合考虑。

（续表）

学者	相关研究
阔沙赫里亚尔 IQBAL（Kho Shahriar IQBAL）等	采用生命周期影响评价方法和层次分析法，对海陆运输经济进行比较研究。从消费者的观点出发，对货物在横滨和福冈之间的公路运输和海上运输对环境的影响进行评价，将这些影响进行比较，显示公路到水路的模式转移对消费者的影响，指出海陆经济不同的呈现方式对经济效益和客户服务质量等方面有着很大作用，应在全寿命周期中发挥海陆对经济的共同效益。
汉斯 D. 史密斯（HanceD. Smith）	利用空间规划工具，重点研究基于陆地和海洋的空间规划系统集成，简要概述作为空间规划系统基础的欧洲土地和海洋的区域发展，以及从经济部门、土地利用和海洋利用方面讨论各自的空间规划系统，再考虑空间规划系统的集成，然后评估空间规划与更广泛的环境管理领域之间的关系，不仅包括考虑组织和地域性、技术管理，还包括法律、政策、战略规划和决策等方面，确定未来几十年在海洋和陆地规划系统集成中必须考虑的重要因素。
朱比特（Jupite）等	对海陆一体化的治理方案进行评估，制定评估指标，测评近十个岛的海陆一体化管理制度，提出决策在惯常的治理系统可能容易管理不善，不同部门和企业间的治理目标不一致，也会引起海陆一体化管理问题。

（二）国外相关研究评述

从以上内容可看出，国外对海陆经济一体化的概念研究相对较少，更注重在海岸带的综合管理机制方面，或是从海陆的某一产业出发，从经济角度分析海陆的相互影响。因此，纵观国外对海陆经济一体化的相关研究，可以归结为以下方面：

1. 研究重点集中在海岸带综合管理

海岸带综合管理和海陆经济一体化虽然有着共同点，但还是存在差别。海岸带综合管理是更系统、更全面的一种沿海地区管理机制，对沿海地区的发展有着长远的战略意义；海陆经济一体化更侧重海陆之间的关联经济影响以及带来的乘数经济效益。当前，对于海岸带综合管理研究的理论体系已逐渐成熟，但对海岸带综合管理的研究还是存在以下不足。

（1）有关海岸带的研究文献很多，但多数停留在理论上，战略上的思路和框架，在操作性方面尚待进一步深入研究，理论和实践没有完全合一。

（2）对海岸带综合管理注重前期的建立和中期的实施，缺少相关令人满意的综合指标体系和后期评价海岸带综合管理机制的效果。

（3）海岸带综合管理更多的是政策以及战略框架，实施起来的难度较大，相关研究中对海岸带资源配置的论述较少，没有考虑海岸带各种资源的市场化配置，从而不能有效解决各资源在不同产业间，以及产业内部行业间的有效配置问题。

（4）国外相关研究缺乏运用系统化理论研究海岸带区域人文、经济与生态环境间复杂的作用关系。

对此，基于现阶段海岸带综合管理研究，不侧重于海陆的经济结合以及区域性的系统研究，因此今后有关此方向的研究可集中于以下两个方面：

一是海岸带区域经济发展。此研究方向可以侧重于依据已有的关于不同经济结构对经济发展的影响，以实证分析、比较研究和动态控制为主要方法和思路，研究海岸带区域在经济结构上的不同数量特征对海岸带区域经济发展的不同影响以及对不良经济结构的动态调控模式、优化模式等问题。

二是海岸带经济可持续性发展研究。此研究方向从海岸带资源与环境出发，以取得经济学、资源科学、环境科学交叉融合的系统研究，力图研究一条既确保海岸带区域经济发展，又不会导致其资源开发过度、生态被破坏、环境被污染的可持续发展之路，最终为海岸带区域经济发展和社会进步提供决策参考，让海岸带区域的综合管理更全面、更系统以及更具经济效益性。

2. 海陆经济一体化的相关研究较少

国外对海陆经济的研究多偏向于某一产业（陆域产业或者是海域产业）对海陆经济的影响关系，通常用某一地区实际存在的问题进行剖析，寻找海陆经济之间的相互影响程度，进而更加深入地分析原因。此外，国外对海陆经济的研究，一般从地理位置以及气候等客观情况出发，从自然数据入手，分析近几年某一地区海陆的发展情况，包括交通、经济、文化、政策等方面。以这样的角度分析海陆经济问题，有利于更全面地掌握海陆经济的互动关系。[①]

① 李政道．粤港澳大湾区海陆经济一体化发展研究 [D]. 沈阳：辽宁大学，2019：8-26.

第四节 研究问题与创新

一、研究问题

由于笔者自身能力有限，且受到外界条件限制，无论是本书的理论研究，还是案例剖析，都还有待改进的地方。

（一）改善案例研究方法

本书对于滨海湾区研究的案例，主要集中在长三角湾区和港澳大湾区，对于其他具有湾区特点的地区研究还不够深入。由于粤港澳大湾区是在 2019 年 2 月 18 日国务院宣布成立，所以相关的协同政策还处于理论框架阶段，在具体的实施过程中还存在一些不足，相关研究案例还是基于湾区成立之前的数据和发展成果。

就个案研究中持无涉论观点的研究学者而言，个案研究不具有外推性，只需要关注个案研究本身即可；个案研究中持超越论观点的研究学者认为，一个基于理论应用和实践的案例研究，具有广泛的外推意义和借鉴性。所以，就研究结论外推而言，仍然需要因地制宜、因时制宜地进行考察和验证，再进行推广和借鉴，可能更为严谨与规范。为此，后续研究可以通过扩展案例个数，拓展研究范围的方式，更好地进行横向比较与研究结论的扩散。此外，通过深挖区域合作中由于经济水平差异而影响区域协作的其他相关因素，根据实际情况，科学选取指标，运用计量方式进行相关分析。

案例研究作为质性研究的重要方法之一，还要求研究者进入被研究者存在的具体环境中，借由访谈或者开放观察等研究方法进行展开。本书主要是通过大量的政府官网公开信息，包括政府工作报告以及官方新闻等一系列相关文献资料充作本书开展的基础，再经由筛选与提炼现有成果具体应用到本书的研究中。

（二）对核心问题进行定量观测

在研究与滨海湾区协同机制有关的影响因素时，并没有某些影响因素进行统计学意义上的测量和影响程度大小的论证，这些影响因素涵盖了合作产生的成本，具体包括机会成本、时间成本、以实证评估的系统研究等。因此，在后续研究中，不仅要通过拓展案例对相关研究结论进行拓展与补充，还需要注重相关信息的收集与整理，运用恰当的定量研究方法处理数据信息，从统计计量视角，更为深层次地揭示滨海湾区协同机制的影响因素以及其带来的具体影响。

二、研究创新

本书研究的创新性主要体现在如下方面。

（1）在我国，滨海湾区协同发展的概念是随着城市群协同发展，特别是粤港澳大湾区的成立逐渐走进人们的视野，因此，学术界对这个问题的研究还比较少。尽管学术界前期对城市群的研究比较系统和丰富，但是面对新的国家战略——湾区经济，还有很多问题需要探索和解决。如何让滨海湾区内的城市之间协调一致、达成共识，本书将通过对长三角和粤港澳大湾区协同机制的深入研究，论证协同机制在滨海湾区发展过程中的重要性。

（2）深入系统地研究城际联席会机制在滨海湾区协同发展和治理中的作用。本书通过对长三角和粤港澳大湾区的府际联席会机制运行过程进行分析，探究滨海湾区联席会机制运行的内在机理和实践效果，对不同行政主体之间进行跨区域合作、完善滨海湾区城际协调合作机制等具有一定的现实意义。

第二章　滨海湾区城市群协同发展的理论基础

滨海湾区区域协同发展的过程，本质上是经济领域相互作用、城市群之间经济联系不断增强的过程。本章重点探讨滨海湾区城市群协同发展的相关概念及其理论。

第一节　相关概念

一、滨海湾区的类型与特征

“湾区”指围绕沿海口岸分布的众多海港和城镇组合而成的港口群和城镇群。由于城市都市圈和湾区独特的地理形态相结合，发生聚变之后的产物便是滨海湾区。要形成滨海湾区，必须有多个海湾组成区域经济形态。

（一）滨海湾区的类型

滨海湾区的类型此处按照空间尺度进行分类。根据滨海湾区包围海面的大小，可以将滨海湾区空间划分为四种尺度。

小尺度的湾区空间。小尺度的湾区空间指陆地所包围海面面积较小，一般小于 5 平方公里，最大不超过 10 平方公里，对于带形或链形海湾来说，指湾区水面较窄。小尺度的湾区两岸不仅在视线上可以互相看见且可以进行对话交流，水面是联系两岸的纽带，湾区两岸的交通联系完全依靠陆地交通。这类湾区在城市空间建设时，应该考虑两岸的对话交流。

（2）中等尺度的湾区空间。中等尺度的湾区空间指湾区海面面积居中或宽度较适中，湾区两岸有视觉上的联系，但是没有对话交流，水面的隔离作用不明显，海湾两岸的交通联系有水路和陆路两种方式。这类湾区通常是城市的一部分，或隶属于某个行政区，如胶州湾、大连湾等。

（3）大尺度的湾区空间。大尺度的湾区空间指湾区海面面积较大，湾区两岸除了部分位置外，几乎没有视觉联系，更没有对话交流，水面完全将两岸隔离开，水陆交通方式对两岸的人们出行起到重要作用，海面上架桥是一种缩短交通距离的有效方式。这类湾区通常周围有多个城市一起构成一个城市群或者经济圈，如渤海湾、东京湾、旧金山湾等，都是重要的经济圈。

（4）超大尺度的湾区空间。超大尺度的湾区空间指湾区海面面积很大，湾区两岸没有视觉联系和对话交流，两岸交通方式与大尺度的湾区空间相一致。这类海湾大到可以被称作“海”，区域内可能包含很多小型和中型的海湾，如孟加拉湾、墨西哥湾、几内亚湾、阿拉斯加湾等，都是面积超过 100 万平方公里的超大尺度海湾，这类海湾区域通常包括很多国家。

（二）滨海湾区的特征

滨海湾区是陆地和海洋水域的接合处，必然拥有滨水地段所具有的共同特征。滨海湾区由于处于大陆板块和海洋板块交接处，受海洋和海洋气候影响，滨海湾区一般具有以下特点。

由于大陆板块和海洋板块相互作用，在很多湾区会有山脉形成，如旧金山湾、大阪湾。湾区被山体环绕，山海相依，冬季山体会阻挡来自内陆的寒冷气流，而夏季来自海洋的温湿气流又会给湾区带来凉爽气候，形成湾区特有的气候特征，即冬季较温暖，夏季较凉爽。

滨海湾区水文条件一般较好，水深较适宜，无较大风浪，由于早期城市交通运输以船运为主，所以在湾区多建有港口。在工业时代，滨海湾区多与港口互相依托，港口依托湾区的有利地形和气候条件，湾区的经济和产业发展则主要由港口带动。

基于上述两点特征，滨海湾区一般是城市中较早发展起来的区域，多与城市中心区毗邻或与旧的城市中心区毗邻。由于经历了较长的发展时期，早期发展起来的环湾城市面临着湾区更新建设的需要。

空间的流动性和景观的互视性同时存在，滨海湾区的城市建设多顺应地形，城市空间相对较自然，流动性较强；滨海湾区是大陆板块包围水面的区域，对于中小尺度的海湾，两岸城市空间可以相互看见，所以湾区的空间设计要考虑对岸的景观效果。

二、滨海湾区协调机制的内涵机理

滨海湾区的协调发展，有利于建立有效的区域共享与协调机制，实现产业发展目标。下面以长三角区域为例，阐述滨海湾区协调机制的内涵机理。

（一）滨海湾区协同发展一体化

1. 区域经济一体化

推进人力资源市场一体化。上海、浙江、江苏、安徽的人社厅（局）和一些政府机关下设的人才服务机构共同签署了《三省一市人才服务战略合作框架协议》，其目的是为了将滨海湾一体化高质量发展这项国家战略落实到位，加快推进长三角区域人才一体化。上海在“优势互补、资源共享、协同聚才、合作双赢”的原则下，浙江、苏州、安徽三省人力资源和社会保障厅（局）发挥各自优势，共同积极推进三大人才计划，即“人才流动合作计划”“人才服务协同计划”“人才发展推动计划”。这三大人才计划是在三个省份协同发展、优势互补基础上实施的，一定程度上促进了区域内人才的流动。

上海既是全球城市人才的枢纽，也是长三角地区人才的辐射源。因此，上海实至名归地成为长三角人才合作计划第一届的轮值方。借助这一契机，上海调研并刊印了《沪苏浙皖人才政策汇编》，从政策上助力长三角人才一体化发展。此外，在“互联网 +”的时代背景下，上海、浙江、江苏、安徽的人才市场官方网站也实现了互联互通，打通了人才信息共享壁垒。江苏则将人才培养的重点聚焦在高校毕业生的就业和创业上，开办就业指导大讲堂，开展“人社厅（局）长进校园”活动。除了这些宣传活动以外，江苏还根据高校毕业生的实际情况，为他们提供多种类型的见习岗位。这些见习岗位涵盖技术、管理、智能等门类。与此同时，江苏借助“中国江苏海外留学人才创新创业大赛”这个平台，吸纳国外优秀人才到江苏创办企业、创新发展。

国家社会信用体系建设区域合作示范区在滨海湾区域建立。上海、浙江、江苏、安徽为落实好国家对新一轮社会信用体系建设做出的新要求，创建国家社会信用体系建设区域合作示范区，正在积极推进长三角区域的信用合作。三省一市通过建立合作机制以及共同制定信用规则，建立统一的信用服务市场，使信用信息实现共享。

在创建国家社会信用体系建设区域合作示范区的过程中，三省一市将重点建立信用联合奖惩机制。如今，信用联合奖惩机制已经在三省一市的环保领域先行先试。通过与银保监部门合作，长三角区域选择一些商业银行，在信贷领域展开绿色信贷联合惩戒合作，为他们的信贷提供风险参考服务。

长三角区域还在与人们生活和休闲息息相关的领域展开信用联合奖惩合作。例如，通过对三省一市所有旅行社基础数据和行政处罚的搜集和整理，为人们筛选出信誉好的旅行社。作为长三角区域信用一体化建设的重要基础设施，信用平台建立了跨地区、跨部门的信用联合奖惩机制，使企业如在一地失信，就能够在整个长三角区域被监控到。同时，三省一市联合签署了《长三角信用平台共建共享合作协议》。在这份协议中，三省一市的每一个机构都被赋予一个统一社会信用代码，他们的信用信息，比如合同履约、信贷、纳税、产品质量，都将会按照国家信用信息平台的要求予以记录和建档。

三省一市将一起建立“信用长三角”网络共享平台，并与国家信用信息共享平台、“信用中国”网站进行对接，实现信用信息的互联互通，并逐渐将其建设成为覆盖长三角地区所有信用主体的信用信息网络。

要加快社会信用体系的建设，信用服务行业的发展是关键。通过建立长三角区域信用服务机构联盟，一批有着市场公信力和一定规模的信用服务机构在三省一市被培育出来，进而推动信用服务市场在该区域的一体化，加强信用服务业自我信用的建设。

2. 产业发展一体化

只有通过对区域内不同城市的产业结构进行调整，合理的产业分工体系才能够形成，加强城市间的合作，实现优势互补，达到区域产业结构优化升级、增强竞争力的目的。因此，应该立足区域内每座城市的特点，在发挥自身优势的同时，与其他城市协同发展。

努力打造“飞地经济”。在经营和管理产业园双向“飞地”这个问题上，长三角湾区做出了积极尝试，攻破很多难度较大的课题。既实现了产业的协同发展，又创造了客观利益。浙江省温州市和上海嘉定区在 2018 年 11 月宣布双方会在嘉定建立“科技创新（研发）园”，同时在温州建立“先进制造业深度融合发展示范区（嘉定工业区温州园）”，实现温州先进制造业同上海科创资源的衔接。2019 年，浙江省嘉善县在上海成立了嘉善国际创新中心，即“飞地”研发中心，使嘉善的高科技企业可以进入上海，不仅能够吸引更多的高新技术人才，提升企业创新能力，还可以借助长三角区域一体化这个契机，孵化上海或国际优秀的创业项目，待项目成熟后引入嘉善实现产业化发展，构建“前台在上海、后台在嘉善”的城际合作新模式。

当前，伴随长三角区域一体化的不断深入，有研发需求且经济实力较强的城市主动来到上海寻找“科创飞地”，开启“双向模式”。这种转变充分体现出长三角地区产业升级、动能转换的新趋势。“飞地经济”模式在充分发挥不同城市优势的同时，对成果分享机制加以完善，有利于推动区域协同发展。

建设一批科技资源共享平台，涵盖科技文献，大型科学仪器设备、大科学装置等。上海和苏州共同建设的“上海・苏州科技资源开放共享与协同发展服务平台”现已开通。与科技资源共享服务有关的扶持标准、绩效评价等，能够实现上海和苏州同步查询。上海、浙江、江苏、安徽在 2019 年共同建设了长三角区域科技共享服务平台，使科技资源的流动速度加快、配置更加合理、开放程度更大。

为了使科技资源能够在长三角区域得到互认，让各种创新要素在区域内自由地流动起来，长三角区域的部分城市探索了一种“创新券”。这种“创新券”已经在上海、苏州、宿迁、无锡、海宁、嘉兴、长兴等城市通用。同时，长三角地区积极推进合作平台和载体建设。此外，加速实施一系列改革举措，比如“一网通办”。

为了进一步推动九城市产业园的深度合作，长三角地区突出组建产业园区联盟方案。在青浦、嘉善、吴江、昆山的共同协作下，四个城市签订了一系列专项合作协议，并一同签署了《环淀山湖战略协同区一体化发展合作备忘录》。嘉定、昆山、太仓三座城市一起打造协同创新圈。长三角区域还建立了多个合作载体。例如，长三角开发区协同发展联盟、长三角机器人与智能制造合作组织。为了给科技创新产业提供资金支持，长三角区域还成立了产业基金。2019 年，在长三角区域三省一市的社会资本、金融机构和部分国有企业的共同参与下，长三角协同优势产业基金正式建立，实现资本的跨行业、跨行政区域、跨所有制的合作。

3. 基础服务一体化

要实现区域经济一体化，需要先让区域内的要素自由地流动起来。这些要素主要有资金、人才、信息、生产资料，而区域交通网和城市信息网是保证这些要素自由流动的基础设施。这里以长三角地区布局信息网络和物流通关一体化为例进行阐述。

上海、浙江、苏州、安徽三省一市积极利用 5G 这一新兴的通信技术，协同布局新一代信息基础设施。这三省一市的政府部门在2018年6月共同签署了《5G先试先用推动长三角数字经济率先发展战略合作框架协议》。在这份框架协议中提到，三省一市从2018年到2021年将在5G领域投入资金超过2000亿元，以打造新一代信息基础设施体系。2018年11月，三省一市成立了“长三角5G创新发展联盟”，实现我国第一个跨省的5G视频通话。除此之外，为了加快推进5G通信商用长三角地区还编制了《长三角第五代移动通信网络融合设施建设导则》，保证5G基站的建设速度，为其快速发展提供支持。此外，口岸通关一体化也正在长三角地区稳步推进。

正在开发的“通关+物流”信息交换和数据传输通道，是上海口岸和张家港口岸为实现通关一体化做出的全新尝试。此外，上海和安徽正在进行单一窗口数据查询和统计的系统对接工作。未来，长三角地区将完成服务一体化，借助单一窗口实现“通关+物流”功能，并与区域内的公路、铁路、航空、港口等部门的信息平台实现对接，从而加强同上海组合港的合作，使信息共享的范围不断扩大。

要实现质量更高、持续性更久的区域一体化，需要先完成区域公共服务一体化。

第一，区域社会保障服务领域。对区域社会保障服务便利水平进行提升，对区域人力资源的合作进行深化，进一步推进劳动保障法治协作，对区域养老服务合作进行加强，促进区域旅游、体育产业的联动发展，对区域食品安全管理进行加强。2018年6月1日，长三角地区主要领导座谈会在上海召开，会议审议并原则同意了《长三角地区一体化发展三年行动计划（2018—2020年）》。这份三年行动计划强调长三角地区要共同建设区域共享具有普惠性质的、更加便利的公共服务体系。在对区域公共服务一体化进行整体规划时，长三角地区的各级政府部门站在更高的角度，从整体上促进区域公共服务向法治化、标准化、均等化、一体化方向发展，形成合力，提升区域竞争力和影响力。

为了加速长三角地区社会保障的衔接，上海、浙江、江苏、安徽已经达成初步合作协议，并决定在浙江、江苏、安徽三省8个城市进行试点，四类参保人员（常驻异地工作人员、异地长期居住人员、异地安置退休人员、异地转诊人员）在参保地医保部门进行备案以后，能够在上海15家三级医院以及金山区和松江区一些社区卫生服务中心享受异地就医门诊费用直接结算待遇。同样，缴纳上海医保的参保人员在试点地区也能够享受同等待遇。

随着互联网技术应用的不断普及，长三角地区的医院也在借助这一技术加深合作。安徽省立医院和上海市第一人民医院利用区块链技术，实现联盟电子卡的调通和开卡，同时制定出电子病历的统一标准。

第二，食品安全领域。上海、浙江、江苏、安徽在食品安全领域加强合作，成立了“长三角重要产品追溯联盟”。这个联盟的目的在于协同管控长三角区域的农产品和食品的生产源头，促进加入联盟的生产企业在内部建立追溯体系，并对区域内的其他生产企业起到示范作用。借助二维码和可视化信息系统建设，上海加强对外延基地产前、产中、产后的管理。今后，长三角上海外延蔬菜基地将广泛应用二维码信息追溯这项技术。

此外，长三角地区建立了区域性网络食品经营联合监管机制，通过数据库的建立，加强日常对网络食品交易的监管。借助数字治理这项技术的优势，长三角地区正在加紧编织区域治理网络，使各个城市的公共服务向信息化、标准化、一体化方向迈进，以构建高效均等的区域政府治理体系。

4. 生态环境一体化

当前，生态环境质量和人居环境安全已经成为我国区域高质量一体化发展的重大制约和短板，需要进一步加强生态环境保护工作。对此，要以推动区域生态环境协同共治、源头防治为重点，强化生态网络共建和环境的联防联治，在一体化发展中实现生态环境质量同步提升。

上海青浦区和苏州吴江区、浙江嘉善县在环境保护上展开了联防联控联治，探索“上游主动保护下游，下游支持上游发展”为核心的多元化横向生态补偿机制。

上海青浦区和苏州吴江区、浙江嘉善县建立了水质协作机制，并开展应急监测演练。三个地区相关部门建立了太浦河水资源保护省际协作机制，并加强联动、共同监测、预警预报、信息共享。三个地区开展应急监测演练，提升长三角地区生态环境部门应对跨界环境污染事件区域联动机制和应急响应能力。为打破行政壁垒和区域限制，实现环境信息共享共赢，实行区域一体化；利用现有监测点位和在线监测平台数据，实行数据共享。

上海青浦区和苏州吴江区、浙江嘉善县的相关部门组建区域内空气质量预测预报机制，建立区域发展环境风险识别和预警预报制度，探索构建重点区域、流域环境风险应急统一管理机制，预先防范和妥善应对区域发展风险。

上海青浦区和苏州吴江区、浙江嘉善县与金融等部门联动，加强区域环保信用联合惩戒力度。三个地区的环保部门通过召开长三角一体化示范区生态环境综合治理工作会，共同研究探讨长三角一体化示范区生态环境治理，建立适合三地生态综合治理工作机制。另外，三个地区的政府共同就区域中长期规划进行沟通协商，探索建立项目合作开发机制。建立区域环保产业网，开展区域环保产业合作、交流、展示和项目洽谈等活动，延长行业产业链，综合利用各类环境资源，推动循环经济向深度和广度发展。

（二）滨海湾区协同发展机制

1. 地方经济协调机制

国务院发布了《国务院关于上海市城市总体规划的批复》，同意《上海市城市总体规划（2017—2035 年）》（以下简称《总体规划》）。上海将在《总体规划》指导下，不断完善城市功能，打造独具一格的城市风貌，提升城市环境治理水平，优化城市管理和公共服务，争取将上海建成创新之城、生态之城、人文之城，卓越的全球城市以及社会主义现代化国际大都市。

在全球经济一体化和长三角区域一体化背景下，上海作为区域中心城市，应该发挥自身辐射和带动作用，加强同区域内其他城市的合作，共同构建上海大都市圈，使长三角区域成为世界上具有一定影响力的城市群。

在这份《总体规划》中，提升上海的核心竞争力和综合服务能力被放在首要位置。对此，上海应该发挥引领长三角区域发展作用，积极推进同苏州、无锡、南通、嘉兴、宁波、舟山与其相邻城市的协同发展。为了从整体上提升长三角区域的竞争力，《总体规划》强调要充分发挥区域内每座城市的比较优势，处理好两种关系，即上海同其他城市的关系、中心城市同中小城市的关系，以便更好地推进长三角区域的协同治理。

浙江杭州和宁波不仅是省内两座产业转型和创新先锋城市，也是长三角区域积极参与国际竞争的城市。杭州和宁波两座城市的生产总值在 2018 年达到 2.42 万亿元，占全省生产总值 43%。为了推进长三角一体化，浙江省提出“环杭州湾大湾区”这一概念，以满足杭州和宁波一体化发展需求。

国家发改委在 2017 年颁布了《关于支持“飞地经济”发展的指导意见》（以下简称《指导意见》），《指导意见》中明确指出建立“飞地经济”的总体要求和合作机制。此时，浙江省正在建设“大湾区、大花园、大通道、大都市区”，而杭州和宁波一体化发展也顺应了时代发展要求。从当前发展状况来看，杭州和宁波一体化才刚刚起步，对“飞地”同城化体制还需要进一步完善，需要不断明晰一体化战略定位和策略。

随着中华人民共和国国务院颁布《粤港澳大湾区发展规划纲要》，环杭州湾大湾区的发展思路也明晰起来。“环杭州湾大湾区”这个概念最早是在 2017 年 6 月被浙江省提出来的，同时列入浙江省“十三五”规划，成为重点建设项目之一。2018 年 1 月，浙江省政府把环杭州湾大湾区定位为新时期浙江发展的空间特征，并积极推进与上海接轨，实现杭州和宁波一体化发展。从经济总量上看，环杭州湾大湾区占到浙江省 3/4 以上。杭州和宁波一体化发展可以说是浙江在区域协同发展上做出的新尝试，不仅可以促进长三角区域一体化发展，也能够提升浙江省在“一带一路”倡议中的地位。

总体看来，杭州和宁波一体化发展促进多方面的协同合作，比如产业布局、空间规划、交通投资，建立立体的、现代化的空间治理体系，加速两座城市功能的融合，实现中心城市和周边城市的错位发展，避免重复竞争带来的资源浪费。

协同发展策略以江苏为例，区域一体化主要的两项互联互通基础设施建设，就是工程交通设施和电子通信设施。江苏全力建设发挥上海龙头作用的“两群”（“两群”指港口群和现代化机场群）“三网”（“三网”指公路网、高铁网、航道网）立体式、综合性的交通体系；积极推进区域铁路、城际铁路、轨道交通建设，构建以南京为中心的沿江城市群城际铁路，同时对高铁网络进行优化。

在高速公路方面，江苏对高速公路网络进行完善，加快重点高速公路的建设速度，比如宁宣杭高速公路、宁常沪高速公路、宁杭第二高速公路，打通“断头路”。在航运方面，江苏为了建成国际物流中心和贸易中心，加紧建设南京—南通港全球航空航运枢纽和南京禄口—无锡苏南硕放机场。在统筹规划下，一张海陆空立体化、综合化发展的交通网络逐渐在江苏编织起来。同时，江苏正在打造现代供应链体系，以提升其在长三角区域实体领域的综合竞争力。

当前，在全国制造业总产值中，1/7 的贡献来自江苏。所以，除了建设好区域基础设施，江苏还需要发挥制造业发达这一优势，为长三角区域一体化发展提供实体支持，成为区域科创技术的试验场和成果转化基地，还需要加快像高端装备、集成电路、生物医药、物联网这样的战略性高新技术产业发展，形成依托长三角区域的世界级产业集群。

除了制造业优势，江苏还有科教优势，为江苏建成长三角区域世界级的创新平台创造良好基础。江苏有着很强的创新能力，每年投入的研发经费占到GDP的2.72%，有11个国家创新型城市、15所“双一流”高校、102位“两院”院士、80多万名研发人员。此外，江苏建立以南京为中心，并向周边地区辐射的创新体系。

全力建设苏南国家自主创新示范区，并与上海、浙江、安徽共同搭建共性技术研发平台，为沿沪宁产业创新带和“G60科创走廊”的建设提供实体支持。此外，江苏还积极参与国家重大科技基础设施建设，走“科创＋产业”之路，深入探索上下游产业的创新融合。

2. 产业协同发展机制

（1）组织协调机制

作为行政平级的长三角两省一市，如何才能按照协同发展的基本要求，将长三角产业发展成相互配合、分工协作的协同态势，关键在于形成有效的多层次组织协调机制，如图2–1所示[①]。

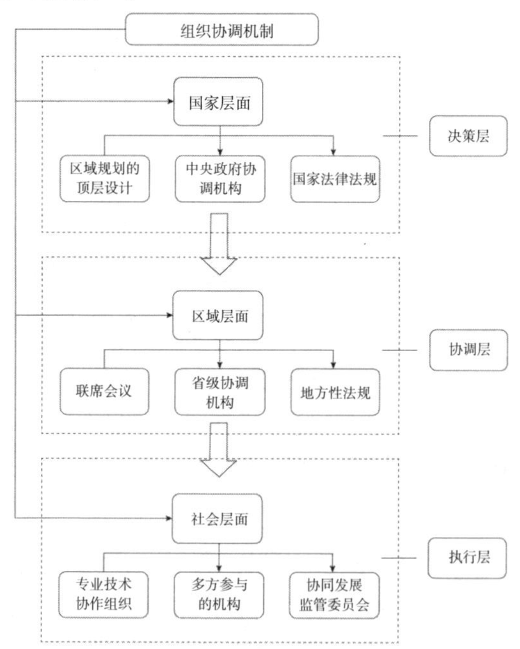

2–1 长三角产业协同发展的多层次组织协调机制

① 本节图引自穆一戈．长三角产业协同发展模式与机制研究[D]. 上海：上海工程技术大学，2015：73–80.

一是决策层（国家层面）。第一，以国家战略和需求、长三角整体利益和长远利益为基础，结合长三角两省一市的产业优势和特点，基于比较优势理论，进行产业区域规划和配套政策的顶层设计。在产业空间布局、重大跨区域项目规划等方面，在国家层面做好长三角产业协同发展规划和配套政策的顶层设计，有利于最大程度实现长三角与国家、长三角各省市之间产业的统筹协调、优化配置、高效协同，以避免区域内的重复建设、过度趋同、低效竞争。

第二，在国家层面设置高规格、权威、常设协调机构，在长三角产业协同发展的重大规划、重大事项和重点工程上发挥统筹、协调和监督功能。国家层面的协调机构职能范围应包含三个且不限于以下三个方面：①提出有关长三角产业协同发展的相关建议；②统一管理和约束区域政府的相关行为，审查和监督区域政府间达成的区域性产业协作规则执行情况，确保相关产业协同发展规划和统一政策的落实到位；③运用经济、行政等宏观调控手段，构建长三角产业的协同发展格局。

第三，全国人大为长三角产业协同发展进行专项立法，或者国家相关部委为此专门设立规章制度。在产业协同发展的重大事项上，以国家法律法规的形式加强协同发展的规范性与约束力，推进长三角产业的协同发展。

二是协调层（区域层面）。第一，建立关于产业协同发展且能够反映长三角区域各地方政府意愿、能够获得各地市政府普遍认同的、具有合理的治理结构的省级协调机构，组织协调实施跨省域的重大工程项目建设，并协助各市县制定地方性产业发展规划和政策，使地方性规划和政策与长三角整体性规划和政策有机衔接，并负责监管规划和政策的执行情况，是组织协调机制能够发挥作用的关键。

第二，深化落实由两省一市常务副省（市）长参加的“长三角产业协同发展联席会议”，并将其常态化、制度化，促进“协调层”高效运转。“联席会议”的主要任务是推动就国家层面制定的相关产业协同规划和政策的落实到位，并就上一阶段中协同发展存在的重大问题进行沟通，研究和确定解决的原则与主要思路，以做好下一阶段关于产业的重大合作事项的准备工作。

第三，在协同发展的原则和目标下，允许和支持长三角两省一市的相关机构在涉及产业的重大工程与事项上以合作立法的形式出台地方性法规和部门规章，对相关国家法律法规进行有效补充。

三是执行层（社会层面）。第一，建立由各地市政府部门官员、产业企业代表、高校和科研机构专家共同参与的，如“长三角产业协同发展联席会议办公室”“长三角产业协同发展重点合作专题组”“长三角产业协同发展咨询委员会”等组织，具体推动长三角产业区域合作工作。

第二，建立长三角产业专业技术协作组织，通过制定区域共同市场规则、建立区域共同市场秩序、制定产业相关行业技术应用标准体系，协调解决跨区域产业协同发展过程中出现的各项技术、经济、财务和法律问题；通过指引、协商等方式，加快信息、资金、人才等长三角地区不同企业间的流动，推动产业纵向一体化和横向一体化发展。

第三，建立长三角产业协同发展监管委员会。组建具有独立性、权威性以及专业化的协同发展监管委员会，以国家法律法规和地方性规章制度为基础，设定监管内容、监管程序和监管标准，对长三角产业价值链上的生产和服务机构，如企业、高校、科研机构等，以及产业的专项工程进行监管。

（2）利益机制

长三角各地市在协同推进产业发展过程中，制度的创新不可避免地和既有利益发生冲突，因此需要以利益协调和利益补偿为出发点，建立市场机制和政府机制相结合的利益机制，如图 2–2 所示。

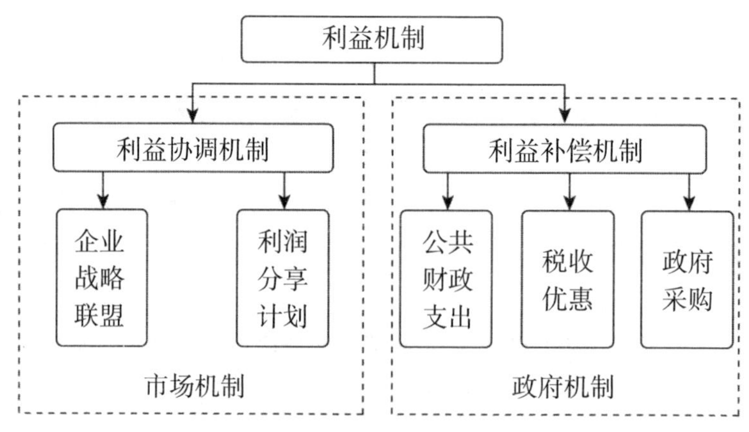

图 2–2 长三角产业协同发展的利益机制

一是利益协调机制。利益协调机制指从产业协同发展的市场角度着手进行利益机制建设。由于在产业协同发展中采用基于产业价值链整合的发展模式，处于产业价值链中游的企业得到的附加价值远远低于产业价值链上游和下游的企业，产业价值链中游的企业会向上游和下游靠拢，造成中游企业的缺失，有违产业价值链整合初衷，造成形式的“协同”而实质的“不协同”。

为兼顾合作多方的共同利益，调动产业价值链上各个成员的积极性，使产业价值链模式的发展更加健康，需要建立适合长三角产业价值链运作的利益协调机制。合适的利益协调机制是通过利益协调机制，促使产业价值链上各个成员朝着同一个目标前进，其具体内容包括以下方面：

第一，建立基于产业价值链纵向整合的企业战略联盟。通过企业战略联盟的建立，让产业价值链中游和下游的企业参与新产品和新技术的共同开发，加深联盟内企业的信息沟通和技术交流，进行针对性创新，使新产品和新技术符合市场需求，更容易在市场中推广，进而扩大产业的市场份额，提升上、中、下游企业的整体利润水平；通过企业战略联盟的建立，制定如生产、技术、营销的合作契约，从而扩大中游企业的订单量，提升中游企业利润水平。

第二，制订产业价值链利润分享计划。产业价值链利润分享计划主要有两种方案：一是对于共同开发的新产品和新技术取得的利润，按照前期研究开发的投入比例进行分成；二是建立企业战略联盟发展基金，并构建公平合理的绩效考核体系，运用发展基金，根据企业绩效水平，对长三角战略性新兴产业价值链中的企业予以激励，从而实现利润的合理分配。

二是利益补偿机制。利益补偿机制指从产业协同发展的政府角度着手进行利益机制建设。解决协同问题，单单依靠市场机制不仅成果见效慢，而且各市场主体的关系脆弱不稳固，还需要发挥政府的宏观调控作用。利益补偿机制主要有：公共财政支出、税收优惠以及政府采购等。

第一，公共财政支出。公共财政支出主要包括财政预算支出、财政担保支出以及财政专项资金支出等。

在明确长三角产业协同发展的重点领域、重点项目基础上，建立财政投入增长长效机制。以产业价值链为导向，增加对产业价值链上企业的财政预算比重，扶持一批社会责任感强、带动作用明显的龙头企业，并加大对产业园区和科技示范基地的财政扶持力度，进而带动整个战略性新兴产业价值链的发展，形成集群效应和链式效应；通过创新公共财政支出方式，对产业价值链上相关领域和项目进行贷款贴息、风险投保补贴等方式的利益补偿；加大对产业价值链上中小企业的担保力度，解决中小企业启动资金不足的困难，将公共财政支出的侧重点前移，在产业发展初期环节建立利益补偿机制。引入社会资本，建立多种资本合作机制，发挥杠杆效应，同时建立长三角产业协同发展专项资金，用于跨区域的基础设施建设、共性技术的攻关与创新，同时健全专项资金运作模式，建立专项资金直达机制。

第二，税收优惠。税收优惠可分为税收直接优惠和税收间接优惠两种手段。

直接优惠包括：在增值税方面，产业是高附加值的产业，需要伴随高额的增值税，由于增值税是流转税，高额的增值税最终都将转嫁到用户身上，不利于开拓市场需求，因此应当根据区域内各产业的特点，分别实行低增值税率、零税率抑或是免征减征等优惠措施；在企业所得税方面，应将高新技术产业的低税率政策移植到战略性新兴产业上来，降低从事产业的相关企业税率，鼓励产业化；在个人所得税方面，对长三角内从事产业的相关科研人员实行减征措施，提高研发积极性。

间接优惠包括：支持从事产业相关企业的固定资产采用双倍余额递减法、年限总和法等加速折旧的方法进行折旧，或在税法上规定缩短折旧年限，以降低区域内产业的税负。

第三，政府采购。政府采购的方法主要是扩大政府采购规模。将产业价值链上企业和相关市场服务纳入政府优先采购目录，加大对目录企业产品的采购力度。同等条件下，优先采购目录企业的产品，促使有限的资源在最大化程度上支持产业在长三角的协同发展。

（3）保障机制

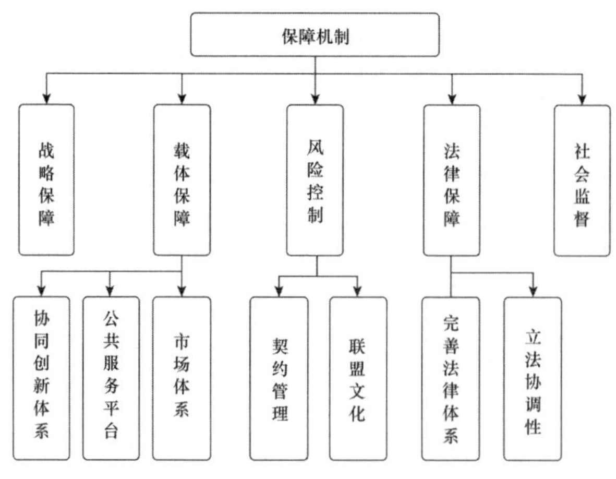

图 2-3 长三角产业协同发展的保障机制

一是重点打造区域整体战略保障。将长三角产业协同发展纳入“长江流域经济开发战略”中，制定“长三角产业协同发展战略”，作为“长江流域经济升发战略”的子战略，将其上升到区域经济发展战略高度，不仅能够为产业在长三角的有效协同提供有力保障，还能有效推动长江流域经济社会的快速发展。

区域经济发展战略是一种非均衡战略，能够将有限的资源投向指定区域中效益较高的产业，以此推动该区域的快速发展，进而辐射到后发地区和关联产业，长三角地区和产业恰好均满足效益较高这一标准。此外，从区域经济系统演化发展角度看，区域经济发展战略能够强化长三角区域内各个子区域经济系统之间的联系，产生协同效应。因此，建立区域整体战略保障机制势在必行。

二是协同发展载体保障。第一，构建跨区域协同创新体系。构建长三角产业协同创新体系的目标是建立以需求为导向，企业为主体，高校、科研机构积极进行对接，政府推动、用户参与的长三角产业协同创新体系，主要有两种形式：一是构建基于产业价值链分工的跨区域协同创新体系，以产业价值链为纽带，搭建协同互补的技术创新链条，推动区域技术创新环节高效衔接、分工协作，提升长三角产业价值链技术创新整体竞争力；二是构建基于细分领域创新分工的跨区域协同创新体系，以长三角各地市在产业某些具体的细分领域上已形成的产业优势为基础，构建基于特定领域的跨区域创新分工，强化各子区域在优势细分领域的技术创新能力，打造专业的技术创新集群。

第二，建设跨区域公共服务平台。构建长三角产业公共服务平台，主要是通过对长三角区域内战略性新兴产业开发区及其“飞地”经济园区的建设，构筑金融服务平台、人才服务平台、技术共建共享平台以及现代物流平台等跨区域公共服务平台，将其服务范围扩大到研发、设计、制造、加工、品牌等产业价值链上的各个环节，进而解决区域内产业关键技术缺失、高端人才匮乏、创新能力不足、市场相互分割等共性问题，是加强产业之间联系，加快区域产业协同的重要保障。

第三，建立跨区域市场体系。长三角产业的协同发展必须建立在区域市场一体化基础上，通过建立能够实现资源共享的跨区域市场体系，解除各要素进入市场的障碍，形成协作与竞争共存的市场机制。

产权交易市场、商品物流市场、金融资本市场以及科技教育市场是跨区域市场体系的有机组成部分。建立产权交易市场，促进长三角区域内资产优化重组，从而避免和减少水平竞争带来的过度竞争，优化长三角各城市的分工并拓展各产业内部分工与专业化的程度；建立商品物流市场，减少商品流通的中间环节，降低商品流通成本，减少产销盲目性，有利于地区之间、产业之间、企业之间的经验交流；建立金融资本市场，疏通区域内金融渠道，整合区域内金融资源，加强长三角城市之间的金融合作；建立科技教育市场，促进产学研合作市场化，提高成果的转化水平，并加强区域内科技资源流动，建设跨区域跨产业的协同研发机制。

（4）风险控制机制

基于产业价值链整合的产业协同发展面临的风险主要来自两个方面：一是产业价值链纵向关系的信用风险，二是产业价值链横向关系的竞争风险。风险控制机制如图 2–4 所示。

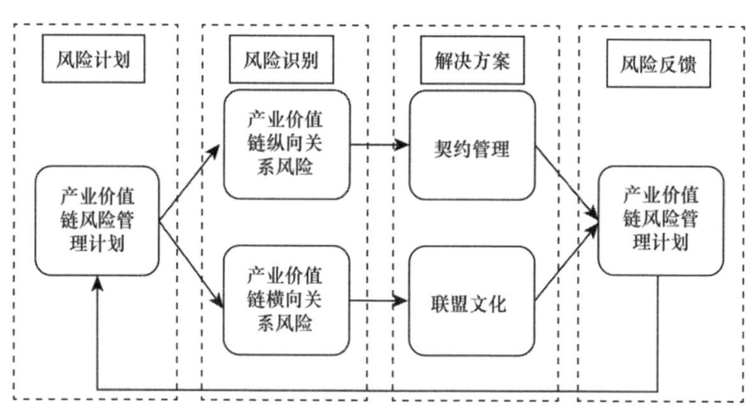

图 2–4 长三角产业协同发展的风险控制机制

3. 政策与立法协同发展机制

政策与立法协同发展机制的前提是共同立法需求。立法，实际上是不同的利益需求之间展开的博弈，只有立法需求达到一致时，人们才有统一行动的目标，协同立法的动力才能够被激发出来。从我国国情来看，国家和地方在经济发展上的利益是相同的。但是，由于各地资源分布不均、经济发展不平衡、对自身定位和利益需求不同，所以在区域立法协作过程中，立法主体的多元化将会增大立法需求、内容、程序、合理性认同博弈的难度。因此，相较于过去主体单一的立法活动，区域协同立法将是国家大政方针、经济水平、社会心理、地理环境、发展目标、文化特点等多种因素共同作用的结果，能够将来自不同主体、不同领域、不同层次的利益需求加以识别和平衡，并将他们提炼成共同的立法需求，是区域协作立法获得成功的前提条件。

下面以长三角区域大气污染防治的政策与立法协同发展为例进行阐述。

长三角区域的城市之间相互联系，产业上分工合作，经济上密切相连。怎样才能提升环境质量，促进经济发展，成为上海、浙江、江苏、安徽亟待解决的问题。特别是当前大气污染问题越来越突出，防治任务也越来越重。

治理雾霾天气，仅仅依靠一个市、一个省的力量是不够的，这是一项跨区域工程，只有实施区域大气环境保护合作机制，才能够加强大气污染的防控力度。因此，在共同立法需求的推动下，区域立法协作才能取得成效。

政策与立法协同顺利开展的关键因素是抓住机遇、乘势而上。明确了共同的立法需求，只是迈出了立法协同的第一步，而将需求变成立法，则需要等待时机。立法是一项重要的法律活动，人们经常利用这种法治方法服务社会。立法体现的是时代要求，同社会发展必须是同步的，既不能超越它，也不能落后它。因此，只有抓住时机，才可以进行有效立法。这个道理也适用于区域协同立法。

政策与立法协同成果取得的重要保障是建立相应的工作交流机制。在区域立法协同过程中，难免会因各方利益关切点不同而产生差异，而建立一种有效的机制则是处理利益分化、整合利益差异最为有效的方法。对此，要抛开部门和地方利益，区域立法协同需要通过建立有效的沟通平台以及调研协商机制，对利益分配进行规范，化解分歧，使各方达成共识。

在长三角区域开展大气污染防治区域立法协同的过程中，上海、浙江、江苏、安徽可以建立定期交流工作机制，借助会议的形式探讨和解决立法协作中出现的问题，通过有效的交流和共享，不断推进区域立法协同的进程。

4. 生态环境协同发展机制

在城市规划中要更多地考虑生态因素，加强城市的生态建设。城市的发展速度要与城市的经济水平、人口规模、自身发展规律相适应；城市的规模、产业结构、土地格局、经济社会发展形式要与城市的生态承载力、土地承载力、资源承载力相适应; 城市中人类的开发建设以及活动强度要在资源环境容量承载范围内，不可盲目地追求超大型城市和急速工业增长。

长三角城市群可以结合当地环境和资源的情形和特点，制定面向城市化与生态环境协调发展切实可行的目标和规划，具体如下：

第一，明确和控制城市人口规模和用地规模。根据城市自身资源以及环境条件，选择所能持续稳定供养的人口数量，使人口规模与生态环境承载力相适应，妥善解决人地矛盾关系。

第二，严格保护耕地，控制建设用地规模，提高土地集约的利用水平，实现土地资源合理配置。对城市土地利用进行生态适宜度分析，结合不同功能区的生态环境水平，提供不同的人口密度、建筑密度和基础设施、产业布局方案，避免因土地利用不当和布局不合理而造成生态环境问题。

第三，合理规划交通布局，减少交通噪声干扰；扩大交通基础设施和公用交通的投资，如轻轨、地铁、公交等，提高公共交通分担率，探索生态友好型、资源节约型的交通发展模式，促进城市交通生态健康有序地发展。

第四，在各个城市增加绿色交通工具的使用，鼓励短距离的自行车租赁业务；发展新型绿色交通工具的使用，以降低噪声和污染性尾气排放，改善大气质量；提高机动车的排放标准，加强交通的组织管理，有效减少汽车尾气排放及其造成的空气污染。

第五，加强城市绿化建设，增加绿地覆盖率，改善城市生态环境。在进行城市规划时，要充分利用城市的各种自然环境信息、人口与社会文化经济信息和居民生存环境质量要求，做好园林绿化布局并进行城市绿化系统设计，提出城市功能区绿地面积分配、种群或群落类型方案，更多地选择使用适合城市本身的乡土植物。

研究城市系统中自然环境和人工环境的管理，对城市生态系统的结构、功能进行管理和调控，将城市的物流、人流、能流、信息流等有效结合起来，充分发挥它们之间的协调作用，以达到生态系统的最佳效能，从而实现良好的城市生态规划，保障城市生态建设。

要加强对环境的监督与综合调控。强化水资源保护和管理，确保饮用水源的安全，严禁对地下水资源进行超量开采，防止地面沉降问题进一步加剧；加强水污染防治，实施污染物总量控制，严格控制工业废水排放标准；加快污水处理系统建设和完善，提高城市的污水处理率，避免水质污染问题的严重化。

加强对环境的监督与综合调控，具体如下：

第一，综合运用行政、价格、工程和科技的方法，全方位地推行城市节水、污水处理及其资源化政策。加强城市水环境建设，恢复和增强城市水体的水体自净能力，加强水体周围绿化建设，改善城市居民生活中的观赏性水环境，给居民提供更多的亲水空间。

第二，在城市化过程中机动车流的快速增加，是大气和噪声污染的主要因素，也是城市化过程中无法避免的问题。因此，要完善对机动车的检测制度，建立机动车尾气检测中心，实施严格的机动车排放管理、执行机动车准入和报废制度，鼓励开发和使用清洁燃料车辆；进一步贯彻落实各项防治大气及噪声污染的法规文件，有效控制消减机动车尾气污染排放、城区车辆的鸣笛，以改善城市大气和噪声质量，从而提高城市的总体环境质量。

第三，强化市容综合整治管理能力，创建市容环境示范区，随着城市人口的增加，城市生活方面的环境压力也日趋变大，生活垃圾不断增多。因此，完善固废收运处置和生活垃圾无害化处理设施，完善垃圾分类回收配套设施建设，以合理的垃圾排放收费制度约束公众垃圾排放行为，促进形成节约型消费方式。

第四，逐步适当地扩大城市人均绿地面积，建设生态和谐的宜居城市。加强环境的法制建设，建立和完善适应社会主义市场经济体制的环境保护及治理法律、法规和标准体系，包括环境污染健康影响评价，突发环境污染事件应急处理，环境饮用水卫生安全法规等，推进环境保护方面的政务公开和信息共享，加强环境监察队伍建设，提高执法和监管力度，正确运用环保法及有关规定对污染行为予以处罚。加大环保投资力度，运用市场经济手段，采取政策补贴，鼓励污染企业的绿色转型，从政策层面约束污染产业的转移，从排污治理达标、技术投入、税收政策等方面提高污染产业的限制准入门槛，有效控制企业环境污染物的排放。

要大力发展绿色环保技术和材料。材料和技术的绿色创新是在城市经济发展中控制和减少污染物排放的强大动力。发展绿色环保技术和材料是发展循环经济的重要支撑，旨在降低产品全生命周期过程中（生产、消费等）的资源、能源消耗及污染物的产生和排放，从而充分利用生产过程中的生产要素和生产条件，优化和升级产业结构，提高长三角整个区域的可持续综合竞争力。

在工业工艺方面，发展环境友好技术和节能节材技术，注重污染物排放的降低、资源能源的节约和利用效率的提高，积极采用清洁生产技术，引进和推广无害低害国际先进生产技术，大力降低原材料和能源消耗，实现少投入、高产出、低污染。在建筑方面，强调绿色设计理念和提倡使用节能环保材料，因地制宜地采用太阳能技术、节能照明半导体技术、节能空调技术、绿色混凝土材料等，设计和建设生态、节能、舒适、宜居的绿色建筑。在交通方面，促进新型尾气处理技术和新型绿色能源交通工具的研发，追求无污染、零排放的绿色交通。通过政策鼓励与经济优惠的方法，发展和完善绿色材料技术市场，推广环境友好的技术和材料的实际应用，真正实现绿色技术革命。

提高公民的环境意识，加强公众参与。提高公民的环境意识，将生态环境保护的理念、方法和行动植根于群众生活等各个方面，进而形成广大群众自觉的环境保护行为。通过电视、网络、广播和报纸等媒体，加强城市环境健康的宣传报道和教育工作，提高城市居民的生态意识、健康意识和文化素质，培养公众对环境问题的认知能力和参与环境保护的积极性，提倡节约资源能源的绿色理念。

完善生态环境信息发布制度，充分发挥新闻媒介的舆论监督和导向作用，让社会各界人士都广泛参与共同治理与保护生态环境中。建立有效的公众参与制度和平台，听取居民对环境问题和事件的看法与声音，使居民能够参与涉及城市健康环境建设的各种政策决定和讨论。

开展绿色环保社区活动，通过营造绿色文化和绿色生态的示范引导，使绿色环保的理念成为全体公民的共同意识。鼓励公众参与环境相关的项目、开展各类环境活动，引导和鼓励绿色生活，倡导绿色消费，树立同资源、环境互相协调的消费价值观，选择有利于节约资源和环境保护的绿色生活方式以及消费方式。

鼓励绿色出行，减少生活方面和交通方面的环境压力，营造全社会共同保护环境、建设生态城市的社会风尚和文化氛围。当城市的制度和城市居民的意识形态与城市的可持续协调发展目标相一致时，才能更好、更有效地促进城市的健康稳定协调发展，已成为当今世界各国对环境发展的一种共识。

第二节　理论基础

一、城市群理论

（一）城市群理论的认知

“城市群”指在一定规模的地域范围内，以一个或两个超大城市为核心，依托现代化的交通工具、综合运输网及信息网络，使得区域内相当数量的不同类型、性质和等级规模的城市间形成内在联系，共同构成一个相对完整的城市集合体。

简而言之，城市群是不同规模等级的，且彼此作用、彼此联系的城市所构成的城市集合体。城市群具有以下基本特点。

（1）高首位度。核心城市在城市群中有着较高的首位度。整个城市群以核心城市为中心，呈辐射状对周边城市起到带动作用，能够促进城市之间的协同发展，不断集聚并扩散，逐渐形成多个核心的结构。

（2）高密度性。城市群的高密度性主要体现在人口密度、经济密度、城镇密度等指标上。由于聚集了许多规模不一的城市，各种要素，比如资金、信息、技术都汇聚在城市群里，使单位面积汇聚了很多人口和很高的经济产出，从而形成集聚经济。

（3）网络性。无论是交通运输网络、通信网络等构成的物质网络，还是传统关系、市场联系、文化联系等构成的非物质网络，两种网络交织在不同的城市之间，使得城市在不断延伸的过程中产生信息流、人流、物流的相互交换，在城市群内形成一张经济社会关系紧密、功能有机整合的复杂网络形态。

（4）创新性。从表面上看，城市群表现为城市的集群和组群发展，但是当城市群的内部聚集了大量创新要素以后，城市群会呈现出仅依靠多个城市机械地组合所不具备的新功能，从而提供区域创新所需要的基础和条件。[①]

（二）城市群理论的核心

城市群理论研究的重点领域之一，是城市之间的空间联系程度，由空间相互理论、增长极理论、城市等级理论等构成，主要探讨城市群内、外空间如何相互作用。

1957 年，美国著名学者乌尔曼提出空间相互作用理论。作为城市群空间结构演化基础，空间相互作用理论指区域之间在信息、技术、资金、劳动力等方面的相互交换，以及建立在这种相互交换上的经济联系。引力和斥力是空间相互作用的两种表现形式。空间相互作用不仅可以强化区域之间的联系，拓展经济活动空间，也可以导致区域之间对资本、技术、人才等要素的竞争。区域之间互补性、交通通达性、干扰性对空间相互作用的发展有着很大影响。

增长极理论强调极核城市的带动作用。在城市群内，有着雄厚经济实力的城市因其强劲的增长动力，能够对区域内的其他城市起到辐射、控制、支配作用。这些经济实力雄厚的城市是城市群的增长极。因为有了这些增长极的存在，城市

① 冼雪琳．世界湾区与深圳湾区经济发展战略 [M]. 北京：北京理工大学出版社，2017.

群才得以形成并发展起来。通过发挥空间集聚和扩散效应、空间邻近效应，增长极能够组织并且领导区域经济。

从城市等级理论角度来看，完整而稳定的城市群体应该具有科学的等级分工。在等级安排方面，这个区域的城市应该满足金字塔结构，各等级城市层次分明，按照层级合理布局，要素和信息通过各等级城市进行层层传递与反馈。

（三）城市群理论的启示

城市群是由相互联系且作用的不同规模等级的城市构成的城市集合体，通过增长极的带动，城市群才可以不断地形成和壮大。同时，成熟的城市群也以整体形态作为增长极带动更大区域的发展。当前，借助市场力量，有关的城市之间互相分享对方的市场空间，相互之间组成既竞争又互补，联系紧密的城市群。空间相互作用使群内城市联系加强，互通有无，拓宽发展空间，获得更多发展机会，通过形成核心城市，辐射带动整个城市群的协调发展。[①]

二、增长极理论

（一）增长极理论的认知

法国经济学家佩鲁提出了著名的增长极理论。该理论认为：区域中的经济增长是一种非均衡的增长，首先体现为区域内若干个“极”的增长，而后通过这些“极”的发展可以带动整个区域的经济增长。增长极指在经济增长中，由于某些主导部门，或有创新能力的企业、行业在某些地方或大城市聚集，形成资本与技术高度集中，具有规模经济效益，自身增长迅速并能对邻近地区产生强大辐射作用。

佩鲁增长极理论来源主要受到四个方面的影响：①20世纪40年代和50年代法国经济状况；②当时流行的发展经济学理论，尤其是钱纳里、多马、哈罗德、萨缪尔逊、纳克斯、罗森斯坦·罗丹、赫希曼、罗斯托等人的观点；③当时社会主义国家和欧洲国家所制订的经济发展计划；④熊彼得创新理论。

增长极指经济空间中起着支配和推动作用的经济部门，是一组起主导推动作用的产业，具有较强的创新能力和增长能力，通过极化效应、扩展效应等带动其他产业增长。经济增长在不同部门、行业或地区，是按照不同速度、不平衡增长

---

① 卢虹虹．长江三角洲城市群城市化与生态环境协调发展比较研究[D]．上海：复旦大学，2012：60-63.

的。佩鲁的极理论虽然涉及产业和企业的不平衡发展，但最终归结为城市和区域的不平衡发展，并且强调聚集和吸引效应、扩散效应以及地理、区位与中心优势，认为增长极的极化效应既增强了增长极自身的发展能力，又能够产生巨大的规模经济效应，从而增强区域的综合竞争力，一旦区域内形成增长极，便可以通过资金、产品、人力资源、技术以及信息的传递，将其经济发展动力和创新成果带到广大腹地去，形成强大的扩散效应，最终有利于整体经济发展。

（二）增长极理论的核心

增长极理论从物理学的“磁极”概念引申而来，认为受力场的经济空间中存在若干个中心或极，产生类似“磁极”作用的各种离心力和向心力，每一个中心的吸引力和排斥力都产生相互交会的一定范围的“场”。这个增长极可以是部门，也可以是区域。

增长极理论的主要观点是：区域经济发展主要依靠条件较好的少数地区和少数产业带动，应将少数区位条件好的地区和少数条件好的产业培育成经济增长极。

增长极理论的核心观点包括三个方面：①其地理空间表现为一定规模的城市；②必须存在推进性的主导工业部门和不断扩大的工业综合体；③具有扩散和回流效应。

增长极体系有三个层面：先导产业增长；产业综合体与增长；增长极的增长与国民经济的增长。在此理论框架下，经济增长可以被认为是一个由点到面、由局部到整体依次递进、有机联系的系统。其物质载体或表现形式包括各类别城镇、产业、部门、新工业园区、经济协作区等。①

（三）增长极理论的启示

增长极以城市为依托，其极化效应和扩散效应的发挥离不开以发达的交通网络为代表的基础设施的支持。增长极与周边地区之间经济、文化的紧密联系，是关系发展战略成功与否的关键因素。例如，美国政府在建设全国性的高速公路网时，不但承担了大部分的建设费用，还为施工方提供了大量长期低息，甚至无息贷款；日本政府大力推进新干线建设，使之成为带动日本经济发展的龙脉。纵观各国的成功经验，政府都将基础设施建设放在非常重要的位置，尤其是交通网络的建设，高速公路、高铁、机场共同构成区域经济的大动脉，为本地区经济发展

① 余呈先，郭东强．知识经济域境下增长极理论在中国的困境与范式转换 [J]. 宏观经济研究，2011（08）：51-55+71.

输送能量。

合理控制极化效应和扩散效应对区域经济发展的影响，需要进行合理规划，防止过度聚集所带来的负面效应。例如，法国大巴黎地区极化效应过于强大，在自身发展的同时，限制了其他地区发展，使得法国区域经济发展趋于不平衡，由此产生了诸多负面影响。法国政府为了解决这些问题，规划了 5 个卫星城和 9 个副中心，抑制巴黎的极化效应，同时加强其扩散效应。

（3）加强立法，提升规划的权威性。当前，政府在指导地区经济发展时，常常以引导者的姿态出现，很多规划多以试行、草案的方式出现，导致在真正进行建设时由于各种原因不能得到很好的落实，很大程度上降低了经济发展速度。所以，应当强化规划的执行力度，以法律的形式出台规划，将规划上升到法的层面，提升规划的权威性。

三、产业集群理论

（一）产业集群理论的认知

产业集群，亦称“产业簇群”“竞争性集群”“波特集群”。产业集群是某一行业内的竞争性企业以及与这些企业互动关联的合作企业、专业化供应商、服务供应商、相关产业厂商和相关机构（如大学、科研机构、制定标准的机构、产业公会等）聚集在某特定地域的现象。产业集群理论具有如下特点。

（1）区域特性。集群存在地缘临近和空间相近的特性，产业集群相对集中于某一区域，虽然当前针对集群合适的地理范围没有达成统一结论，但是不同的产业集群都会涉及集群的地理位置和空间范围，也体现出地理和空间范围在集群形成过程中的重要性。

（2）以完善的社会基础设施和中介服务为基础条件。丰富的信息流是一个有着竞争优势的集群所必需的要素，包括社会和企业之间以及企业和企业之间的相互影响、先进产品和技术的共享等。同时，信息流需要有良好的基础设施作为支撑。当然，产业集群的产生也离不开中介服务，比如法律、国际贸易、会计、广告，以及提供专业化培训、研究和技术支持的教育机构等。因此，支持信息交流的社会基础设施和中介服务，是形成产业集群的基础条件，也是集群的生成和演化推手。

（3）协调性和有机性。通常某一产业集群的企业都会聚集在某一特定领域。

在这一领域里，众多的参与者，比如产品制造商、上下游的供应商和销售渠道、互补品的提供商以及中介服务机构都会进行分工合作，保持着密切的联系和较强的协调性。集群也是一个有机整体，并不是许多单独的企业进行简单相加而形成，而是有机地联结在一起，形成一个持续、稳定、有序的生态组织，使之在竞争力、吸引力、整合力、影响力等方面形成整体上的竞争优势。

（4）合作竞争特性。在产业集群内部，各企业通过分工与合作建立密切的生产网络，并以此作为其主要的竞争策略，但是市场中又存在许多竞争者，通过合作共享有价值的信息，同时使获取的稀缺资源能够达到有效配置，从而在促进合作与鼓励竞争中推动经济增长。这种企业之间既合作又竞争的关系，成为产业集群模式的重要特点，也是产业集群理论研究的主要内容。

此外，产业集群也是一个动态现象。在集群内部，企业之间的交互过程（比如转移和分享技术、知识等）非常活跃，从而形成一个技术、知识分享的密集区，推动产业集群的动态演化和创新集群的产生。

（二）产业集群理论的核心

1. 古典经济学中的产业集群理论核心

超边际城市模型运用分工解释产业的区位集聚现象。由于区位集中有利于减少运输成本、共享公共设施、减少信息失真和不确定性风险等好处，所以，以个人、企业为基础的分工单位的自利决策行为有本能地聚集在一起的偏好，从而有利于分工的形成和发展；同时，分工的进一步发展，使得各个分工单位之间的依赖性加强，交易行为的种类和频率大大增加，从而有更强的节约交易费用欲望，进而加强向同一区位的聚集。这种相互促进和正反馈机制，使得区位集聚与分工深化相互推进，最终在土地、水源和交通等资源约束下，达到分工和区位分布的最佳均衡状态。

自 20 世纪 80 年代以来，创新空间理论以古典经济学的分工为核心，对产业集群的产生进行理论解释。首先，假定纵向分工和产业组织的关系是相互的：一方面，在某一地区形成经济聚集的网络经济分工（如硅谷）；另一方面，这些区域生产系统促进生产和劳动的进一步分工。

外部规模经济和范围经济可促进这一过程，新技术的出现，特别是柔性生产技术进一步促进企业与当地劳动力市场和制度间的交流。该理论认为，技术创新常局限于特定地区，知识以专业化技术进步为基础，通常表现为高度的空间聚集。

此外，这些部门和企业间联系的渠道是创新扩散所必需的知识。

2. 新古典经济学的产业集群理论核心

新古典经济学的产业集群理论核心，即新古典经济理论在完全竞争市场结构和生产函数规模报酬不变的假设下，研究微观经济活动以及宏观经济增长，将要素流动看成是瞬间的、无成本的，认为市场力量会使经济趋于均衡。因为当经济运行偏离原有的均衡状态时，市场经济体系具有一种自我恢复均衡的力量。新古典产业集群理论注重地理邻近性导致的知识外溢，以及静、动态的空间外部性。典型的传导介质是促使集群地域内劳动力（一般是工程师、科研人员和熟练工人）的交流。

3. 新增长经济学中的产业集群理论核心

新增长经济理论认为，内生经济增长是“边干边学”的过程，无论是企业、产业，或地方区域经济都是如此。内生技术进步的经济增长在地域空间上表现为区域经济增长的不平衡性，聚集产生的技术外部性和货币外部性，使要素边际收益递增，从而引起经济活动的空间聚集。这样，规模经济不再是一个外生的经济变量，而是作为内生经济变量被纳入区域经济增长模型。规模经济内生化的结果是区域经济增长差距越来越大。相关理论基础有阿罗的学习曲线、罗默的增长“处方”、卢卡斯的自回归矢量和时间连续性规定。

4. 产业经济学中的产业集群理论核心

区位竞争模型假设消费者偏好分布于某些参数的连续空间内，不同消费者具有不同的最佳位置。企业通过确定恰当的产品差异性和价格实现利润最大化目标。可以认为，产业集群的来源是不可分割的，即任何经济主体不是无限可分割的，必然占用一定的空间。

当前，相关的产业经济学模型大量涌现。通过假定企业独立性、区域独立性条件，证明即使所有企业和所有区域初始对称分布，随着区域的演化，最终将存在产业集群均衡。通过假定技术线性外溢，引入一个异质参与者的博弈模型，表明存在两个区域的纳什均衡，并且产业集群均衡有唯一的解。

（三）产业集群理论的启示

关于产业集群理论的启示，以粤港澳大湾区发展为例进行阐述。

1. 坚持开放融合的区域制度创新之路

由于存在社会文化、法律法规、市场发达程度等各方面差异，粤港澳大湾区区域融合发展的复杂性远超其他国际湾区。大湾区制度创新的核心在于，在“一国两制三关税”框架下克服区域行政壁垒与跨境分隔、探索区域经济协同发展道路，对此需要加强区域沟通协调、全面推进粤港澳三地互利合作。

当前，粤港澳三地在基础设施方面已实现互联互通，但在决策与协调机制方面还需要加强融合，保障粤港澳三地人员、资金、物流、技术以及信息的高效流动。具体可通过推动贸易便利化、搭建新型合作平台、探索多元化合作模式等方法，推进湾区城市群的深度融合。

2. 发挥产业协同优势

大湾区作为世界制造中心，拥有世界级的制造业体系和硬件设施。在以创新经济驱动、城市群协同发展的带动下，大湾区未来应有效地利用现有的制造业优势，既面向高端产业链转移，也充分发展金融业、服务业等第三产业经济。具体而言，深圳将继续发挥创新中心的龙头带动作用。

随着人工智能、大数据、物联网等新兴信息技术的发展，传统制造业将借助新技术的渗透作用进一步转型升级，东莞、佛山等制造业中心目前正朝着智能制造的方向发展。此外，生物制药已成为湾区一些城市支柱型产业。例如，深圳重点打造的生物医药产业集群，以华大基因为代表的高新生物医药企业已经具备世界级专业技术水平；广州也积极布局生物制药产业发展，一些大型生物制药研发中心及生产中心已选择落户；香港将利用其科研、金融服务平台优势，推动粤港澳大湾区与国际市场的深度融合；澳门则具有建设世界旅游休闲中心的潜力，将带动周边地区第三产业发展。

当前，围绕区域内核心城市构建的特色产业链逐渐形成，中心城市对外辐射以及经济集聚能力较强，但中心城市之间的经济联结还处于较弱阶段。在未来区域经济规划中应充分发挥城市产业特色，根据城市产业空间格局以及相互联结特点，构建不同的产业经济带，实现产业布局合理分工，带动大湾区产业集群联动发展。

3. 优化创新生态环境

创新是区域经济发展的引擎，也是粤港澳大湾区今后发展的主要驱动力。凭借发达的外贸经济、活跃的创新创业氛围以及良好的营商环境，大湾区创新综合能力在近几年有了质的飞跃，综合创新能力处在全国领先水平。

区域创新能力比较优势，主要体现在企业创新能力、科研创新成果转化与应用能力等方面。区域内部核心城市深圳已经发展成为全国创新中心，并融入全球创新网络。除众多国际级创新巨头外，深圳也成为创新型独角兽企业聚集地。这些企业主要集中在互联网金融、智能硬件、人工智能等新兴行业，为城市带来源源不断的创新活力。

除自身创新优势外，深圳与香港的创新交流与互动也逐渐加强。根据世界知识产权组织发布的《2018 年全球创新指数报告》，深圳—香港地区创新能力超越旧金山、巴黎、伦敦等国际创新中心，跻身全球第二。香港作为国际重要的商贸平台及科技交易中心，将会为大湾区其他城市提供科研、创新成果转化平台与国际金融等服务，而香港自身科技创新的发展，也将会越来越依赖于内地市场与区域创新网络。

除深港创新枢纽外，“广深科技创新走廊”计划延长至香港、澳门。“创新走廊”将会充分发挥广州科研资源和人才储备优势、东莞制造业基础、深圳企业应用创新能力，再结合港澳地区国际化的创新资源。这一创新集群将会发展成为大湾区国际科技创造中心的主要载体。

创新离不开人员、资源、市场、政策等创新生态环境支持，大湾区创新网络应围绕区域产业链需求构建，从源头创新到创新成果转化应用建立起完善的创新链条，通过协作机制做到创新链与产业链的深度融合，以创新引领区域产业升级。除产业创新层面外，要发展成为全球创新中心，还需要积极进行商业模式的创新。政府应给予一定的政策激励，推进城市基础设施和公共服务水平，建设创新孵化加速器以及优化创新流程，为企业与市场主体创造良好的创新环境。①

四、协同学理论

（一）协同学理论的认知

协同学，即研究在与外部环境有能量或者物质流动时，包含所有子系统的复合系统通过内部复杂的相互作用，在空间和时间上形成具有一定功能有序结构的过程。协同学理论认为，复合系统能够通过各子系统的“协同”作用，形成一种子系统层次可能不具备的全新特性，使得处于分散状态的系统有序化，并最终成为能够发挥整体效应和整体功能的有机整体。

① 安虎森，朱妍．产业集群理论及其进展 [J]. 南开经济研究，2003（03）：31-36.

协同学把系统的有序称之为“自组织”；把决定系统有序程度和支配各子系统行为的因素称之为“序参量”；把能够导致序参量作用和地位发生变化，促使系统达到线性失稳点，影响系统有序的非关键因素称之为“控制参量”。协同学的序参量原理认为，序参量产生于子系统之间既协同又竞争的相互关系，通过在子系统间的非线性复杂作用反作用于各子系统，促进复杂系统能够从无序变成有序。这种序参量间的非线性关系是复杂系统能够产生协同效应的本质，也是能够通过建立数学模型求解协同效应最优解的基础。

（二）协同学理论的核心

协同学理论的核心思想有三个：协同效应原理、伺服原理和自组织原理。

协同效应原理探讨的是系统怎样在协同作用下，使远离平衡状态的复杂系统在同外部环境有能量或者物质流动时，形成某种有序结构或者实现某种有组织性的功能。

伺服原理指当系统内部各参量相互作用，子系统相互竞争，系统接近不稳定点时，系统的突变结构通常由起关键作用的少数几个序参量决定，起着支配和役使子系统的作用。

自组织原理指系统在演化过程中，在没有外部力量干预的情况下自发形成一定结构和功能的过程和现象，是由系统内部成员各司其职而又相互协作自动形成。

（三）协同学理论的启示

基于协同学理论的核心内容，可知序参量通过和控制参量进行“协作”，经过复杂的相互作用，使系统能够在自发无序的运动状态下实现子系统之间有序的关联运动。

协同学理论对城市之间协同发展有着积极的指导意义：首先，各子系统的有序协同发展，特别是起主导作用的子系统是城市群协同发展系统整体协同水平的提升保障，因此，要重视城市群中核心城市的高水平协同；其次，城市群创新系统要不断地与外界环境进行知识、技术、信息和物质交流，而不是孤立发展，各城市之间要进行创新方面的竞争与合作，使系统在不断融合中获得有序发展。

五、可持续发展理论

（一）可持续发展理论的认知

持续发展指既要满足当代人的需要，又不会对后代人满足其需要的能力构成危害的发展。可持续发展理论在 20 世纪 80 年代由西方学者首先提出，到 20 世纪 90 年代初成为全球范围的共识，中国学者也在这一时期引进和接受了可持续发展的概念。可持续发展的概念和理论从西方国家传入中国，中国学者对可持续发展的概念和理论的认识是一个不断引进吸收、创新与本土化、再引进吸收、再创新与本土化的过程。不同学者对可持续发展进行了不同定义，具体见表 2–1。

表 2–1 可持续发展定义

学者	可持续发展定义
叶文虎 栾胜基	不断提高人群生活质量和环境承载能力，满足当代人需求又不损害子孙后代满足其需求能力的；满足一个地区或一个国家人群需求，又不损害别的地区或国家的人群满足其需求能力的发展。
贾华强	在人类社会运行中，无论现今还是未来，都能够保持社会进步、体制优化、人与自然相互交融的经济、社会发展道路。
王军	可持续发展包括生态持续、经济持续和社会持续，它们之间互相关联而不可分割。生态持续是基础，经济持续是手段，社会持续是目的。人类共同追求的应该是“自然—经济—社会”复合系统的持续、稳定、健康发展。
刘思华	可持续发展经济必须以生态可持续发展为基础，以社会可持续发展为根本目的，实现三者的有机统一。
郑易生 钱薏红	可持续发展是从环境和自然资源角度提出的关于人类长期发展的战略和模式，关注长期承载力。
尹继佐	可持续发展起源于环境保护问题，但作为指导人类走向 21 世纪的发展理论，已超越了单纯的环境保护，而是将环境问题与发展问题有机结合起来。可持续发展涉及可持续经济、可持续生态和可持续社会三方面的协调统一，要求人类在发展中讲求经济效率、关注生态和谐和追求社会公平，最终达到人的全面发展。
黄顺基 吕永龙	可持续发展包括两个方面：系统内部的持续能力和环境的持续能力。系统内部的持续能力指建构一个既有利于经济有效增长，又有利于整个社会公平地分享经济增长好处的体制；环境的持续发展指资源的可持续利用能力，要求在开发利用环境资源时，不仅要从当代人和未来人的需要出发，更要从环境资源的供给能力出发，在环境资源承载能力容许的范围内合理利用。
滕藤	可持续发展是为使全人类能够在地球上永久生存和发展下去，而自觉形成以人为主体，以生态、环境、资源为基础，以经济发展为核心，以全体参与和科技进步为保证，以人的全面发展和社会全面进步为目标，实现代际之间和同代人之间相互公平、人与自然相协调的一种发展道路。

可持续发展理论应遵循以下三种原则：

（1）公平性原则。公平指机会选择的平等性。可持续发展的公平性原则包括两个方面：一方面是本代人的公平，即代内之间的横向公平；另一方面是代际公平性，即世代之间的纵向公平性。可持续发展要满足当代所有人的基本需求，给他们机会以满足他们要求过美好生活的愿望。可持续发展不仅要实现当代人之间的公平，而且要实现当代人与未来各代人之间的公平，因为人类赖以生存与发展的自然资源是有限的。

就伦理而言，未来各代人应与当代人有同样的权利，以提出他们对资源与环境的需求。可持续发展要求当代人在考虑自己的需求与消费的同时，也要对未来各代人的需求与消费负起历史责任，因为同后代人相比，当代人在资源开发和利用方面处于一种无竞争的主宰地位。各代人之间的公平要求任何一代都不能处于支配地位，即各代人都应有同样选择的机会空间。

（2）持续性原则。这里的持续性指生态系统受到某种干扰时能够保持其生产力的能力。资源环境是人类生存与发展的基础和条件，资源的持续利用与生态系统的可持续性是保持人类社会可持续发展的首要条件。要求人们根据可持续性的条件调整自己的生活方式，在生态可能的范围内确定自己的消耗标准，要合理开发、合理利用自然资源，使再生性资源能够保持其再生产能力，非再生性资源不至于过度消耗并能得到替代资源的补充，环境自净能力能得以维持。可持续发展的可持续性原则从某一个侧面反映出可持续发展的公平性原则。

（3）共同性原则。可持续发展关系到全球发展。要实现可持续发展的总目标，必须争取全球共同的配合行动，这是由地球整体性和相互依存性所决定的。因此，致力于达成既尊重各方利益，又保护全球环境与发展体系的国际协定至关重要。

（二）可持续发展理论的核心

1. 可持续发展理论的核心思想

可持续发展并不否定经济增长。经济发展是人类生存和进步所必需的，也是社会发展和保持、改善环境的物质保障，特别是对发展中国家而言，可持续发展尤为重要。当前，发展中国家正经受贫困和生态恶化的双重压力，贫困是导致环境恶化的根源，生态恶化更加剧了贫困。尤其是在不发达的国家和地区，必须正确选择使用能源和原料的方式，力求减少损失、杜绝浪费，减少经济活动造成的环境压力，从而达到具有可持续意义的经济增长。

既然环境恶化的原因存在于经济过程中，解决办法也只能从经济过程中寻找。目前，急需解决的问题是研究经济发展中存在的扭曲和误区，并站在保护环境，特别是保护全部资本存量的立场上纠正它们，使传统的经济增长模式逐步向可持续发展模式过渡。

可持续发展以自然资源为基础，同环境承载能力相协调。可持续发展追求人与自然的和谐。可持续性可以通过适当的经济手段、技术措施和政府干预得以实现，目的是减少自然资源的消耗速度。如形成有效的利益驱动机制，引导企业采用清洁工艺和生产非污染物品，引导消费者采用可持续消费方式，并推动生产方式的改革。经济活动总会产生一定的污染与废物，但每单位经济活动所产生的废物数量是可以减少的。如果经济决策中能够将环境影响全面、系统地考虑进去，可持续发展是可以实现的。

可持续发展以提高生活质量为目标，同社会进步相适应。单纯追求产值的增长不能体现发展内涵，若不能使社会经济结构发生变化，不能使一系列社会发展目标得以实现，就不能承认其为“发展”，也就是所谓的“没有发展的增长”。

可持续发展承认自然环境的价值。这种价值不仅体现在环境对经济系统的支撑和服务上，也体现在环境对生命支持系统的支持上，应当把生产中环境资源的投入计入生产成本和产品价格中，逐步修改和完善国民经济核算体系，即“绿色GDP”。

可持续发展是培育新的经济增长点的有利因素。通常情况认为，贯彻可持续发展要治理污染、保护环境、限制乱砍滥伐和浪费资源，对经济发展是一种制约、一种限制。实际上，贯彻可持续发展所限制的是质量差、效益低的产业。在对这些产业进行某些限制的同时，恰恰为质优、效高，具有合理、持续、健康发展条件的绿色产业、环保产业、保健产业、节能产业等提供发展良机，培育大批新的经济增长点。

2. 可持续发展的核心理论

资源永续利用理论流派的认识论基础认为，人类社会能否可持续发展决定于人类社会赖以生存发展的自然资源是否可以被永远地使用。基于这一认识，该流派致力于探讨使自然资源得到永续利用的理论和方法。

外部性理论流派的认识论基础认为，环境日益恶化和人类社会出现不可持续发展现象和趋势的根源，是人类迄今为止一直把自然（资源和环境）视为可以免费享用的“公共物品”，不承认自然资源具有经济学意义上的价值，并在经济生活中把自然的投入排除在经济核算体系之外。基于这一认识，该流派致力于从经济学的角度探讨把自然资源纳入经济核算体系的理论与方法。

财富代际公平分配理论流派的认识论基础认为，人类社会出现不可持续发展的现象和趋势的根源，是当代人过多地占有和使用本应属于后代人的财富，特别是自然财富。基于这一认识，该流派致力于探讨财富（包括自然财富）在代际之间能够得到公平分配的理论和方法。

以上三种生产理论流派的认识论基础在于：人类社会可持续发展的物质基础在于人类社会和自然环境组成的世界系统中物质的流动是否通畅并构成良性循环。他们把人与自然组成的世界系统的物质运动分为三大“生产”活动，即人的生产、物资生产和环境生产，该流派致力于探讨三大“生产”活动之间和谐运行的理论与方法。

（三）可持续发展理论的启示

1. 坚持可持续发展的新思维

坚持开放思维。深刻认识生态系统内自然物质循环系统过程的割裂，自然的“生产”环节与“还原”环节的弱化，才是当代城市问题产生的根源。

坚持大系统思维，侧重从发展的整体角度研究大系统的动态变化。注意综合性与协调性统一，空间分布与时间过程统一，结构合理以及功能优化统一；充分认识可持续发展的关键取决于人类的价值取向与环境协调。

坚持大目标思维。自觉遵循规划好的大目标考虑问题、处理问题，达到人文精神与科学精神的统一，思维方式与行为方式的统一。

坚持大效益思维，在市场经济条件下，环境资源的直接和间接开发利用的目的同样是讲求效率和效益的最大化。环境资本的投资具有巨大的经济回报性，正是城市可持续发展的前提条件。

坚持大关怀思维。现代化是一个世俗化的过程，工业社会存在形式合理性而实质非合理性。坚持关怀性思维，需要在形式合理性的社会为重建实质合理性提出方向，重新回到人与自然的和谐状态；加强生态道德建设，提供给城市人以自然的关怀。

坚持大创新思维。解放思想，不断开拓创新。树立适度消耗的新观念，以获得基本需求的满足为标准而不是对物质资源无止境地消耗；树立崇尚绿色的观念，在消费过程中自觉抵制对环境有影响的物质产品和消费行为；树立关注循环的新观念，尽可能对资源及成品进行反复使用或循环使用。

2. 完善可持续发展机制

可持续发展是对普遍追求的人类可持续发展的区域性延伸和社区性实践，应通过把握可持续发展的主要机理，努力健全可持续发展的机制。

把握集中与分散的动态平衡，健全可持续发展的协调机制。努力把经济发展、社会发展、生态发展有机联系起来，构成相互适应、相互促进的发展模式，努力做到物质文明、精神文明、生态文明协调发展。

把握环境与经济发展的对立统一规律，强化可持续发展的动力机制。通过完善市场机制，注重经营城市，合理发挥政府间接对推进可持续发展的动力作用。通过提升产业结构，优化资源配置，充分发挥产业结构进步对城市可持续发展的动力作用。通过坚持分类指导，加强制度建设，激励区域城市可持续同步发展。通过加强文脉保护，进行文化创新，发挥对城市可持续发展的精神策动作用。

把握城市和区域的相互依存度，构建城市可持续发展的保障机制。城市与区域一体化是城市可持续发展机理的支撑条件。合理建设城市群、都市圈，可使区域经济在生产要素的组织方面有较强的可创新性，从而促进地区产业结构与布局不断优化。构建可持续发展的保障机制，还应通过政府创新可持续发展的管理方式加以引导、规范，以及通过企业、公众提高环境意识进行推进。

3. 构建可持续发展体系

可持续发展体系是以人为主体，由经济、社会、环境、资源和科技等要素构成的整体，实现可持续发展，应当从经济、生态环境、社会、资源、技术等方面构建可持续发展体系；加强生态经济规划，加快推进经济和科技系统信息化，努力构建循环经济体系，积极进行生态环境综合整治；依靠科技进步，变资源消耗型发展模式为技术导向型发展模式，建立资源低消耗的节型经济体系；重视人口问题，建立和完善社会保障体系；完善现行有关法律法规，建立可持续发展的法律体系。①

① 田美玲 . 长江经济带城市旅游协同发展模式探究 [J]. 湖北农业科学，2019，58（19）：28−31.

第三章　滨海湾区发展概况——基于协调角度分析

滨海湾区的开发历史悠久，工业革命之前由于交通运输多靠船运，同时由于海湾内有着优越的气候、水文等条件，可以让船只躲避风雨，停泊歇息，所以，优良的海湾多被用作港口建设。港口建设对城市的经济文化发展无疑起到积极而有效的推动作用，随着经济发展，同时基于便利的海运交通，在滨海城市的环湾区域开始建设有大量工厂，带来湾区的发展和繁荣。本章重点探讨滨海湾区发展的政策梳理、滨海湾区协同发展成效、滨海湾区发展问题、滨海湾区发展的机遇与挑战。

第一节　滨海湾区发展的政策梳理

一、中央政策

（一）《粤港澳大湾区发展规划纲要》

2019年2月18日，中共中央、国务院印发《粤港澳大湾区发展规划纲要》（以下简称《规划纲要》）。从这一天起，全球第四大湾区在中国这个世界第二大经济体的土地上开始扬帆远航。粤港澳大湾区的建设是我国一项国家级发展战略。大湾区涵盖广东省（9座城市）、香港特别行政区、澳门特别行政区的7000万人口，经济规模占到全国1/10。

在《规划纲要》中，从国家层面给粤港澳大湾区确定了5个战略地位，具体为：①充满活力的世界级城市群；②具有全球影响力的国际科技创新中心；③“一带一路”建设的重要支撑；④内地与港澳深度合作示范区；⑤宜居、宜业、宜游的优质生活圈。

除了总体上的定位，国家还给粤港澳大湾区内的“9+2”座城市做出各自定位，要以四大中心城市，即香港、澳门、广州、深圳为发展引擎，同时建设重要节点城市。

1. 四大中心城市与重要节点城市

（1）四大中心城市

香港：巩固和提升国际金融、航运、贸易中心和国际航空枢纽地位，强化全球离岸人民币业务枢纽地位、国际资产管理中心及风险管理中心功能，推动金融、商贸、物流、专业服务等向高端高增值方向发展，大力发展创新及科技事业，培育新兴产业，建设亚太区国际法律及争议解决服务中心，打造更具竞争力的国际大都会。

澳门：建设世界旅游休闲中心、中国与葡语国家商贸合作服务平台，促进经济适度多元发展，打造以中华文化为主流、多元文化共存的交流合作基地。

广州：充分发挥国家中心城市和综合性门户城市引领作用，全面增强国际商贸中心、综合交通枢纽功能，培育提升科技教育文化中心功能，着力建设国际大都市。

深圳：发挥作为经济特区、全国性经济中心城市和国家创新型城市的引领作用，加快建成现代化国际化城市，努力成为具有世界影响力的创新创意之都。

（2）重要节点城市

支持珠海、佛山、惠州、东莞、中山、江门、肇庆等城市充分发挥自身优势，深化改革创新，增强城市综合实力，形成特色鲜明、功能互补，具有竞争力的重要节点城市。增强发展协调性，强化与中心城市的互动合作，带动周边特色城镇发展，共同提升城市群发展质量。

2. 粤港澳大湾区战略定位目标的实现

粤港澳大湾区将如何实现《规划纲要》中的战略定位目标，并发展成为“具有全球影响力的国际科技创新中心”，“到 2035 年，大湾区将形成以创新为主要支撑的经济体系和发展模式，经济实力、科技实力将大幅跃升，国际竞争力、影响力进一步增强”。下面针对《规划纲要》细节，从五个方面进行阐述。

（1）打造基于研发创新且具有全球竞争力的科技大湾区。当前，全球经济正在面临新的变化，产业升级成为城市发展的新蓝海。深圳、广东等城市在 40 多年的改革开放中通过不断升级产业，已培养出一批在全球科技领域占有一席之地的企业，他们的成功正是大湾区企业对研发创新给予高度重视结果的成功典范，也和粤港澳大湾区的外部环境有着紧密联系。

粤港澳大湾区已经具备成为全球科技之都的条件和基础，但并不是所有的科技产业粤港澳大湾区都要全力发展。《规划纲要》中提到的科技产业有：新一代信息技术、生物技术、高端装备制造、新材料等，要将之发展壮大为新支柱产业。从当前发展来看，以战略性新兴产业为先导、先进制造业以及现代服务业为主体的产业结构在珠三角九市已初具规模，香港也加大了研发预算，并利用自身优势吸引全世界人才，进一步提升研发能力。因此，《规划纲要》用了一整章的内容对基础性措施进行描述，主要有：构建开放型区域协同创新共同体，打造高水平科技创新载体和平台，以及优化区域创新环境，而一直关注的知识产权，《规划纲要》也对其进行了较为详细的描述：要实行知识产权行政执法和司法保护，电子商务、进出口等领域和环节的知识产权执法，以及培育知识产权保护规范化市场和支持“正版正货”承诺活动。

（2）发挥香港优势，带动整个区域建立世界金融中心。当前，我国已经是世界上第二经济体，一些领域和行业已经跻身世界前列，但金融开放和创新还有更长的路要走。粤港澳大湾区的发展离不开资本的支持，无论是企业还是个人，都需要融资渠道的多元化。因此，《规划纲要》指出，需要建设国际金融枢纽，发挥香港在金融领域的引领带动作用，巩固和提升香港国际金融中心地位，打造服务“一带一路”建设的投融资平台，并大力发展特色金融产业，有序推进金融市场互联互通，逐步扩大大湾区内人民币跨境使用规模和范围，扩大香港与内地居民和机构进行跨境投资的空间，稳步扩大两地居民投资对方金融产品的渠道。

在依法合规前提下，有序推动大湾区内基金、保险等金融产品跨境交易，丰富投资产品类别和投资渠道，建立资金和产品互通机制。将香港打造成为粤港澳大湾区的绿色金融中心，建设国际认可的绿色债券认证机构。

《规划纲要》还对广州和深圳做出定位。广州要建设绿色金融改革创新试验区，设立碳排放期货交易所。深圳要按照规定发展以深圳证券交易所为核心的资本市场，加快推进金融开放创新，同时支持深圳建设保险创新发展试验区，推进深港金融市场互联互通和深澳特色金融合作，开展科技金融试点，加强金融科技载体建设。

（3）加强基础设施建设，打造大湾区 1 小时生活圈。随着广深港高速铁路香港段的开通，以及港珠澳大桥的建成，粤港澳大湾区基础设施的联通可以说是频传捷报。但是，“9+2”城市的对外联通要想达到区域内 1 小时生活圈的水准，还有很长的路要走。因此，《规划纲要》指出，大湾区基础设施网络包括港口、机场、高速铁路、城际铁路、快速铁路、高速公路和高等级公路等组成的综合交通运输体系、新一代信息基础设施以及智慧城市群等构成的信息技术设施体系、供给与储运的能源安全保障体系和水资源安全保障体系。其目的在于：①提升珠三角港口群国际竞争力；②建设世界级机场群；③畅通对外综合运输通道；④构筑大湾区快速交通网络；⑤提升客货运输服务水平；⑥构建新一代信息基础设施、建成智慧城市群与提升网络安全保障水平；⑦优化能源供应结构与强化能源储运体系；⑧完善水利基础设施与水利防灾减灾体系。

（4）建设以人为本的智慧城市群。“智慧城市”这个概念在全球很多国家已开展起来，但是由于还处在初级阶段，所以框架还不够清晰。对于粤港澳大湾区而言，这是一个发展智慧城市的时机。考虑到粤港澳大湾区实行的是“一国两制”政策，《规划纲要》指出，在区内将全面布局建设基于互联网协议第六版（IPV6）的下一代互联网，推进骨干网、城域网、接入网和互联网数据中心，在新一代信息基础设施上，大湾区有能力建立智慧城市群组。

《规划纲要》要求，推进新型智慧城市试点示范和珠三角国家大数据综合试验区建设，加强粤港澳智慧城市合作，探索建立统一标准，开放数据端口，建设互通的公共应用平台，建设全面覆盖、互联互通的智能感知网络以及智慧城市时空信息云平台、空间信息服务平台等信息基础设施，大力发展智慧交通、智慧能源、智慧市政、智慧社区。

（5）努力营造具有全球竞争力的商业环境。要建设世界一流湾区，具有全球竞争力的营商环境是必不可少的。《规划纲要》指出，发挥香港、澳门的开放平台与示范作用，支持珠三角九市加快建立与国际高标准投资和贸易规则相适应的制度规则，发挥市场在资源配置中的决定性作用，减少行政干预，加强市场综合监管，形成稳定、公平、透明、可预期的一流营商环境。

（二）《长三角一体化发展规划纲要》

2019 年 12 月 1 日，为了支持长江三角洲区域一体化发展并将其上升为国家战略，着力落实新发展理念，构建现代化经济体系，推进更高起点的深化改革和更高层次的对外开放，同“一带一路”建设、京津冀协同发展、长江经济带发展、粤港澳大湾区建设相互配合，完善我国改革开放的空间布局，中共中央、国务院印发了《长江三角洲区域一体化发展规划纲要》（下称《纲要》）。《纲要》要求到 2025 年，长三角一体化发展取得实质性进展，到 2035 年，达到较高水平。

同京津冀和粤港澳大湾区相比，长三角地区一体化所要面对的主要问题在于各地方政府因行政边界导致市场分割。因此，要推动长三角区域一体化发展，首要解决的是行政分割和市场碎片化竞争两个问题。就这两个问题，《纲要》指出，坚决破除制约一体化发展的行政壁垒和体制机制障碍，建立统一规范的制度体系，形成要素自由流动的统一开放市场，为更高质量一体化发展提供强劲内生动力。

中国制造业需要升级转型，形成覆盖上、中、下游产业的产业链集群。以长三角区域为例，当前，长三角区域形成的产业链集群，及产业链集群多带来的制造能力，是我国制造业的核心竞争力。《纲要》提出，在推动产业集群式发展方面要制订实施长三角制造业协同发展规划，全面提升制造业发展水平，按照集群化发展方向，打造全国先进制造业集聚区。建设一批国家级战略性新兴产业基地，形成若干世界级制造业集群。

《纲要》的发布不仅要将长三角区域的整体经济效率进行提升，还要增强长三角区域对全国经济发展的带动力和影响力。同时，《纲要》将解决区域发展平衡问题，推动城乡区域融合发展。其中，提到收入差距控制目标等细分目标。《纲要》提出，到 2025 年，中心区城乡居民收入差距控制在 2.2 ∶ 1 以内，中心区人均 GDP 与全域人均 GDP 差距缩小到 1.2 ∶ 1，常住人口城镇化率达到 70%。

一个区域要想达到一体化发展，提升包括交通在内的基础设施互联互通水平是必不可少的条件。《纲要》指出，不仅要共建轨道上的长三角、取消高速公路省界收费站等，还要合力打造世界级机场群。根据中国民用航空局相关数据显示，长三角机场群的旅客吞吐量在全球范围内排名前五。《纲要》提出，巩固提升上海国际航空枢纽地位，增强面向长三角、全国，乃至全球的辐射能力；打造虹桥国际开放枢纽。

长三角一体化的高质量发展自然与区域生态环境的提升息息相关。《纲要》提出，着力强化生态环境共保联治，目标是高质量发展跨区域跨流域生态网络的形成，优质生态产品供给能力不断提升。环境污染联防联治机制有效运行，区域突出环境问题得到有效治理；生态环境协同监管体系基本建立，区域生态补偿机制更加完善，生态环境质量总体改善。到 2025 年，细颗粒物（PM2.5）平均浓度总体达标，地级及以上城市空气质量优良天数比率达到 80% 以上，跨界河流断面水质达标率达到 80%。

二、地方政策

（一）长三角湾区

2018年6月，长三角地区的9座城市，即上海、杭州、苏州、合肥、金华、嘉兴、芜湖、湖州、宣城一同签署了战略合作协议（需要注意的是，如下四座城市属于环杭州湾城市，分别是上海、杭州、嘉兴、湖州），并且发布了《G60科创走廊松江宣言》。

《G60科创走廊松江宣言》提出，将在深化产业集群布局、加强基础设施互联互通、推进协同创新、推动品牌园区深度合作和产融结合、推广科创走廊“零距离”综合审批制度改革成果等，建成长三角地区具有独特品牌优势的协同融合发展平台。环杭州湾大湾区创新发展的科创力量和属性，将会通过“G60科创走廊”的建设得到进一步增强。

为全面落实中央就上海加快建成具有全球影响力的科技创新中心这一要求，上海在2015年5月发布了《关于加快建设具有全球影响力的科技创新中心的意见》。在这份意见中提出，上海要建成综合性、开放型科技创新中心，全球创新网络的重要枢纽以及国际科学、技术和产业策源地之一。

2018年1月，上海正式发布《上海市城市总体规划（2017—2035年）》。这份规划中指出，上海将要打造“创新之城”。浙江在《浙江省大湾区大花园大通道建设行动计划》中提出，世界级大湾区是依托众多海港和城市群所形成的经济人口密集、现代化水平高的沿湾区域，是全球高端要素竞争和催生新工业革命的主战场，是全球经济增长和技术产业创新的主引擎。杭州湾大湾区建设的总目标是“绿色智慧和谐美丽的世界级现代化大湾区”，并提出以下具体发展目标：一是到2022年，初步建成全球产业科技创新高地、开放高地、体制创新高地。数字经济对经济增长的贡献率达到50%以上，高新技术产业增加值占工业增加值比重达到47%以上；二是到2035年，以环杭州湾经济区为核心的大湾区物联网、大数据、人工智能和实体经济深度融合，产业总体进入全球价值链中高端，跻身世界级创新湾区行列。

（二）粤港澳大湾区

1.《关于发挥协同创新优势，打造粤港澳世界级科技湾区的建议》（2017）

湾区经济是金融服务与科技创新深度融合发展的经济形态。回顾过去几十年的世界发展，美国、日本等国的湾区经济都为我国科技发展提供了强大的创新动力和完善的生态支撑。打造粤港澳大湾区，推动珠三角加快建设成世界级城市群，已成为国家战略的重要组成部分。当前，粤港澳大湾区在政策支持、产业聚集、创新能力、金融服务等领域优势明显，有意愿、有条件、有能力打造世界一流科技湾区，抢占未来全球科技革命与产业变革的领先位置。着力打造粤港澳世界级科技湾区，不仅有助于我国“一带一路”倡议的发展，也有助于促进和维护香港、澳门地区长期繁荣稳定，更是落实国家创新驱动发展战略、加快建设世界科技强国的必然要求。

党中央、国务院高度重视粤港澳区域发展，在《推动共建丝绸之路经济带和21世纪海上丝绸之路的愿景与行动》《国务院关于深化泛珠三角区域合作的指导意见》《中华人民共和国国民经济和社会发展第十三个五年规划纲要》中明确提出建设粤港澳大湾区。根据国家战略决策，广东省颁布了《广东省深化泛珠三角区域合作实施意见》，深圳市颁布了《关于大力发展湾区经济建设21世纪海上丝绸之路桥头堡的若干意见》等指导性文件，香港与澳门特区政府近年来也将服务“一带一路”倡议、发展创新产业、加强与广东省合作写进各自施政报告。

粤港澳大湾区科技创新资源丰富。粤港澳大湾区是世界重要的科技产业、金融服务业、航运物流和制造业中心，拥有较为完备的创新链、产业链和供应链，可以实现理念、筹资、研发、制造、产业化等“一条龙”的链式无缝对接。其中，香港高等教育较为发达，高端人才储备丰富，科技金融、知识产权等现代服务业发达；深圳综合创新生态体系完善，创新创业氛围浓厚；珠三角制造业发达，转型升级步伐加快；澳门积极谋求适度多元发展，在中医药、对葡语系国家合作等领域具有独特优势。

粤港澳大湾区发展潜力仍有待挖掘和释放。世界级湾区发展大致经历了港口经济、工业经济、服务经济和创新经济4个阶段。经过多年发展，粤港澳大湾区正处于从港口、工业和服务经济向创新经济跨越的关键阶段，科技和产业引领作用尚未完全发挥。当前，香港国际创新、科研教育资源对区域经济发展和对创新产业的驱动作用不足，发展动力有待提升，粤港澳三地年轻人合作创新创业成功案例较少，合作平台不完善；深圳企业在科技集成创新、“走出去”创新、原始创新等方面仍需努力；珠三角制造业转型升级需要新的发展引领等。

建议将打造粤港澳世界级科技湾区作为促进香港和澳门长期繁荣稳定发展、深化“一带一路”倡议、建设世界科技强国的重要战略决策，使粤港澳地区成为我国“科技创新的发动机”，推动粤港澳地区早日成为创新要素高度聚集、科技产业高度发展、创新生态高度成熟，具有全球要素资源配置能力和影响力的世界级科技湾区。对此，打造粤港澳世界级科技湾区需要注意以下几个方面：

第一，建立粤港澳科技湾区常态化合作机制，共同制定粤港澳三地科技创新政策。建立粤港澳科技湾区联席会议制度，由国家相关部委、粤港澳三地各级政府主要负责人共同组成，加强在重大交通基础设施、创业创新、金融服务、高等教育、服务贸易自由化、出入境事务等政策上的沟通协调。以全球视野谋划创新，推动区域主动融入全球创新网络，结合区内创新链优势，加快打造开放、协同、覆盖全过程的创新生态，推动产业、技术、金融、管理和商业模式等融合创新，构建各具特色、相互衔接、协同搭配的组合型政策体系，为粤港澳科技湾区发展提供强有力的政策支撑。着力吸引国际科技组织在深圳和香港建立总部或分支机构，建设国际科技大项目合作基地，加快集聚全球创新能量。重点服务国家“一带一路”倡议，与沿线国家合作建设一批国际创新载体，鼓励企业建设境外产品研发和技术推广中心。

第二，发挥香港“超级联络人”角色，为科技产业创新牵线搭桥。依托香港特有的金融、服务和制度环境，发挥财务、法律、咨询、知识产权等专业服务优势，利用国际金融中心实力地位，加快发展创业投资、风险投资、科技服务产业，推动专利技术创业孵化、应用转化，搭建覆盖粤港澳、联通国际的技术和知识产权交易平台，建设创新技术与产品的供需市场。用好深港河套地区创新及科技园，打造粤港澳科技湾区示范区、先行区。

第三，坚持不懈引进高端人才，建设全球创新人才“栖息地”。整合广东省“珠江人才计划”、深圳市“孔雀计划”、香港特别行政区“优秀人才入境计划”等人才引进政策，可以参照美国硅谷等地出台的人才发展措施，制订粤港澳科技湾区人才培养和引进整体方案，设立粤港澳科技湾区国际人才招募基金，提升科技湾区的人才吸引力。发挥粤港澳大湾区高等教育资源丰富优势，组建湾区高校联盟，推动开展多层面、多领域的交流，探索高考互认、区内转学和学分互认机制。

第四，大力发展科技金融产业，为创新创业提供资金支持。推动国家中小企业发展基金、中国互联网投资基金等在港设立子基金，探索成立国家级香港创新基金，撬动更多社会资本加入，优化湾区科技和人才环境，为初创型创新企业提供更好的资金支持。以区域商务合作为中心、以科技金融为驱动，鼓励互联网银行、移动支付平台等金融新业态在移动支付、金融安全、跨境人民币业务应用等方面加快探索、试点互认，促进湾区金融市场互联互通，打造具有更强国际影响力的科技驱动型金融产业链。

第五，发挥强企引领作用，促进香港经济转型升级，保持国际竞争力。推动内地高端要素和产业资本向香港流动，支持香港发展创新科技和知识经济，提升经济实体化水平。支持内地国家级实验室、科研机构、大中型企业在港设立研发与生产中心。鼓励内地企业在港发展高科技产业、“互联网 +”和跨境电商平台。支持央企和中资企业在港发展知识型、科技型、创新型等产业和业务。发挥前海深港青年梦工场、深圳湾创业广场、南沙（国际）创业基地等“双创”孵化体系作用，为香港科技人才提供施展平台，进一步鼓励香港中小微企业和青年到内地创业。

2. 加快粤港澳大湾区建设，推动区域融合发展

2017年3月，“粤港澳大湾区”首次被写进国务院《政府工作报告》。在一年的时间里，整个大湾区的发展继续保持稳健态势，进一步增强粤港澳三地的憧憬和期待。2017年7月1日香港回归祖国20周年纪念日当天，国家领导人在香港亲自见证了国家发展和改革委员会、广东省人民政府、香港特别行政区政府和澳门特别行政区政府签署的《深化粤港澳合作推进大湾区建设框架协议》，标志着粤港澳大湾区机制性建设迈上新台阶。

2017 年 10 月，党的十九大报告明确指出要支持香港、澳门融入国家发展大局，以粤港澳大湾区建设、粤港澳合作、泛珠三角区域合作等为重点，全面推进内地同香港、澳门互利合作，制定完善便利香港、澳门居民在内地发展的政策措施。2018 年，随着《粤港澳大湾区发展规划纲要》接近完成，粤港澳大湾区国际科技创新中心实施方案抓紧编制，粤港澳大湾区顶层政策设计逐渐成形，对大湾区建设发展将具有重要的指导意义和深远影响。

随着粤港澳大湾区发展势头加快，各界广泛讨论、积极参与，大湾区发展的独特优势得到进一步凸显和强化。比如，湾区产业链条更加完整，互联网科技、智能制造、科技金融等行业正改变湾区的创新链和生活圈；粤港澳代表的中西多元文化碰撞出新的火花，三地青年逐步形成携手发展大湾区的共识；大湾区对外开放水平持续提升，国际商业网络更加密集，资本市场和自由贸易市场规模进一步扩大。与此同时，各界对一些事关粤港澳大湾区发展的重要议题更加关注，包

括如何建立畅通的决策机制，整合大湾区各个城市的产业和创新资源，推动粤港澳大湾区城市间的协同发展，共同建设粤港澳大湾区国际科技创新中心；如何促进粤港澳大湾区居民、企业等平等享有机会、平等实现发展，为大湾区居民带来更多的获得感；如何提升粤港澳大湾区在落实国家战略中的功能和作用，推动中国与全球合作对接等，都需要在下一步大湾区发展中予以明确和推动。①

第二节　滨海湾区协同发展成效分析

一、长三角湾区

（一）长三角地区三省一市经济增长呈现整体稳步上升趋势

从 2018 年国家经济总量上来看，上海经济总量达到 32679.87 亿元，浙江经济总量达到 56197 亿元，江苏经济总量达到 92595.4 亿元，安徽经济总量首次突破 3 万亿元，达到 30006.8 亿元。在经济增速方面，上海的经济增长速度持平于全国经济增长速度的平均水平，达到 6.6%，其他三个省份的经济增长速度都高于全国平均水平。从产业上看，长三角地区三省一市第一产业的增长率低于全国平均水平，特别是上海，甚至出现负增长；第二产业方面，浙江、安徽都高于全国平均水平，江苏达到 5.8%，与全国平均水平一致，而上海则低于全国平均水平；在第三产业方面，三省一市均比全国 7.6% 的平均水平高。

从三产的比重来看，除安徽以外，其他两省一市第一产业比重都低于全国平均水平；除上海以外，其他三省第二产业的比重都高于全国平均水平；除安徽以外，其他两省一市第三产业的比重都高于全国平均水平。

（二）长三角地区三省一市经济发展质量效益有所提高

从 2018 年全国财政收入总量上来看，上海的财政收入总量达到 8630.2 亿元，浙江的财政收入总量达到 6598 亿元，江苏的财政收入总量达到 7108.15 亿元，安徽的财政收入总量达到 3049 亿元。

在规模以上工业企业利润总额及其增长率方面，上海的利润总额是 3350.44 亿元，增长率是 4.3%；浙江的利润总额是 4452 亿元，增长率是 5.3%；江苏的利润总额是 11333.51 亿元，增长率是 9.4%；安徽的利润总额是 2448.2 亿元，增长

① 马化腾，王晓冰，谈天，等．粤港澳大湾区 [M]. 北京：中信出版社，2018.

率是 27.8%。

居民人均可支配收入方面，上海人均可支配收入为 64183 元，增长 8.8%；浙江人均可支配收入为 45840 元，增长 9.0%；江苏人均可支配收入为 38096 元，增长 8.8%；安徽人均可支配收入为 23984 元，增长 9.7%。

（三）长三角地区三省一市各地产业升级加速

2018 年，长三角地区三省一市工业增加值占到全国 1/4 以上、新能源汽车市场份额占到全国 1/3、信息服务业占到全国 1/3、机器人产能占到全国 1/2。可见，长三角地区的产业正在向新业态、新技术、新模式加速升级。

上海调整并淘汰落后产能，改造传统产业。特斯拉超级工厂、上汽大众 MEB 工厂、积塔半导体生产线等重大产业项目、人工智能头部企业、创新项目纷纷落户上海。2018 年，同全市规模以上工业相比，上海战略性新兴产业中制造业部分产值增速高出 2.4 个百分点，工业投资在电子信息、汽车等行业项目的拉动下增长 17.7%，创近十年新高。

浙江借助数字技术提升改造传统产业。2018 年，浙江省经济增长率的一半都是数字经济的功劳。同 2017 年相比，数字经济核心产业增加值达到 5,548 亿元，增长 13.1%；十七大传统制造业利润增长 7.2%，增加值较 2017 年增长 6.0%，同规模以上工业增速相比，增加 1.9%，为规模以上工业利润的增长率贡献了 83%。

江苏新产业新业态发展迅速。新能源汽车增长 139.9%，智能电视增长 36.4%，城市轨道车辆增长 107.1%，3D 打印设备增长 51.4%，软件和信息技术服务业增长 13.7%，商务服务业收入增长 7.9%，互联网及相关服务业增长 41.6%。

安徽为传统产业找到了新动力。安徽启动“新引擎”，比如工业互联网、人工智能、5G。2018 年，安徽新能源汽车增长一倍，工业机器人制造业增长 18.3%，电子计算机整机增长 28.3%。

（四）长三角地区三省一市一体化程度不断加深

在长三角地区的三省一市中，上海有着功能齐全的综合服务，浙江有着活力无限的民营经济，江苏有着雄厚的经济实力，安徽在区域面积上占有优势且后发势头强劲。尽管长三角地区占我国国土面积不足 1/26，但是有 1/6 的人口都住在这个区域，全国 1/4 的经济总量在这里完成。所以，长三角地区是我国经济发展最具创新精神和活力的区域之一，一体化发展已经上升为国家战略。

2018年，长三角区域合作办公室在上海成立，来自上海、浙江、江苏、安徽等17名政府工作人员在此办公。长三角区域合作办是一个“三级运作”机制，集决策、协调、执行于一体。与此同时，各城市之间的协调效率也因为“面对面”的沟通方式得到大幅度提升。

合作载体更加丰富，合作平台不断涌现。长三角地区建立了一些合作平台，为区域一体化发展提供了有力支撑。三省一市共同签署了《5G创新发展联盟倡议书》，上海国际集团发起并设立了“长三角协同优势产业基金”，“首届长三角科技交易博览会”也由上海嘉定区和苏州、温州两市共同举办。

便利的交通促进资本、物资、人才在区域内的自由流动。沪昆高速公路在公路网的编号是G60，从上海松江区开始，在云南昆明终止。2018年6月，浙江、江苏、安徽等8座城市在上海共同签署《G60科创走廊共建共享战略合作协议》，将上海、苏州、杭州、湖州、金华、嘉兴、合肥、芜湖、宣城9座城市连接起来，将沪昆高速公路变为创新高地。

在长三角区域一体化发展背景下，各项举措推进有力，方便百姓创业办事。2018年，长三角地区三省一市的主要领导在上海举行了座谈会。这次座谈会研讨并发布了《长三角一体化发展三年行动计划》。在这份三年行动计划中，涉及300多项具体任务，从交通能源到信用环保，并准备开工建设第一批17个省际断头路。整体规划区域内的城际轨道交通，通过打通断头路建立涵盖高速、高铁在内的立体式交通网络，使长三角区域内各城市之间的道路更加畅通。同时，长三角区域要将各种无形的“断头路”打通，比如教育、社保、医疗；将各个领域的制度体系进行对接，为区域内百姓提供更加便利的公共服务。

从2018年下半年起，长三角地区正式启动异地就医门诊直接结算试点工作，包括瑞金医院、华山医院在内“三省一市”等40多家医院成为首批纳入结算的试点医院。2018年9月底，“G60科创走廊”覆盖的9座城市实现了“一网通办”，办理了11张全国第一批异地营业执照。

（五）长三角地区三省一市交通运输一体化不断完善

1. 长三角交通运输一体化的信息化发展

长三角地区三省一市交通运输一体化交通电子政务系统的完善。加强跨省市、跨地区信息资源整合，实现两省一市各级交通部门信息、快速传递和共享，运政、航政、路政等管理业务网上交互式办公。建立一体化的政府公众信息服务系统，以认证服务、路网服务、质量监督服务和交通经济信息服务为重点，建立方便、实用的公众信息服务系统，为广大的行业用户和出行者提供优质服务。

智能运输系统（ITS）普遍运用。在公路水路交通基础设施建设、运输装备及运输管理和服务等领域，广泛运用3S（GPS全球定位系统、GIS地理信息系统、RS遥感）、电子监控、计算机辅助电子分拣系统等先进科技，全面提升交通运输管理服务的效率和水平。

大力发展一体化的客货运电子商务平台。以集装箱运输和现代物流为重点，加快完善信息网络、金融支付、安全认证、信用制度、法律系统等支撑体系，建设一体化的客货运电子商务平台。

拥有完善的安全信息服务和协调运作的应急指挥系统。提高对恶劣自然条件、重特大交通事故等各类突发性事件的联合应对和处置能力。

大力推广高效、安全、节能型的运输装备。客运工具实现高速化、舒适化、标准系列化；货运工具实现专业化、结构合理化、自重轻型化、快速化和标准系列化。

2. 长三角交通运输一体化中的协调与统一

长三角交通运输体系一体化的目标是建立以规划一体化、管理一体化、信息一体化和经营一体化为标志的长三角统一交通网。交通运输网主要有两个功能：一个是保证人流、物流在地区内部的流畅；另一个是保证进出地区的人流、物流的流畅，特别是外贸进出口集装箱流的流畅，并力求最大限度地做到节约资源。

长三角交通运输网应该具有协调、统一两个特点。

协调应做到以下两个方面：

第一，各种运输方式的发展要协调，即根据长三角的特点，铁路运输、公路运输、水路运输（包括海运与河运）以及航空运输的协调发展，在长三角应较重点发展内河运输，因为长三角是一个水网发达、人多地少的地区，内河运输还是耗能少的运输方式。因此，发展内河运输有利于可持续发展。

第二，能力要协调。能力协调包括两个方面：一是省市间高速公路接口的能力要协调，以免出现能力浪费；二是进出长三角通道（如港口、机场）的能力要协调，提高通道建设的透明度，最大可能消除重复建设和盲目建设；口岸能力与集疏运能力的协调。例如，上海口岸不仅是为上海市服务的口岸，而且是为全国，首先是为长三角服务的口岸，应该形成一个以上海为中心的集疏运网络。

统一要做到三个方面：①市场准入的统一。任何运输工具在长三角任何一地取得准予营运的许可后，可以在长三角范围内进行营运；②内河干线航道标准的统一。保证一定规模的船队和船舶在长三角内河网中畅通无阻；③内河船型的统一。对内河航道航行的船只，特别是应对未来内河集装箱运输船舶实行统一规范标准，并对相应的码头建设提出统一建设要求，将有利于未来内河集装箱船舶的高效运作。①

二、粤港澳大湾区

（一）粤港澳地区以广州为中心四市共同深化战略合作框架协议

作为粤港澳大湾区的两大极点城市，广州和深圳在资本、技术、人才等创新要素的流动上有着较高频率。广州有着丰富的教育资源，科研能力很强，而深圳聚集了众多高新技术企业，有着较强的产业创新能力。基于此，广州和深圳之间的协同创新发展取得了明显成效。

自广州和佛山提出“广佛同城”这一概念以后，根据自身优势，两座城市之间的合作不断加深，已经初步形成产业协同发展格局。广州和佛山在 2018 年共同签订了《深化创新驱动发展战略合作框架协议》，探索产业和科技创新之路，未来将形成“广州创新大脑，佛山转化中心”的创新驱动区域协调发展新格局。

作为广深港澳科技创新走廊的中间地带，也是粤港澳大湾区建设的重要节点城市，东莞有着较强的科技成果转化能力，其制造业也十分发达。当前，广州和东莞共同签署了《广州市人民政府东莞市人民政府深化战略合作框架协议》。在这份合作框架协议中，广州和东莞提出要加速推进交通基础设施建设、创新走廊共建、园区合作、产业协同发展。随着时间推移，两地协作更加紧密。广州作为省会城市、国家中心城市，展现出科技教育文化中心、综合交通枢纽的功能，对周边城市起到辐射作用，带动其发展。此外，广州还积极开展和香港、澳门特别行政区的合作，尽快实现大湾区的互联互通、协同发展。

（二）粤港澳地区以深圳为中心四市打通电子信息产业协同

在粤港澳大湾区的城市里，深圳和东莞之间的协同合作也十分紧密，紧随其后的是东莞和惠州。由于地缘相近、人文相亲、产业互补，深圳与东莞成为区域城市融合范本。在产业模式上，深圳和东莞互补性极高，特别是电子信息产业。

① 毛琼．长三角地区交通一体化研究 [D]. 上海：上海海事大学，2005：34-38.

产品在深圳研发，然后在东莞制造，打造出一条高效的产业链。同时，两座城市携手推进光明科学城、中子科学城的建设，并积极建设位于港深落马洲河套地区的国家级综合性科学中心，力求打造具有世界影响力的全产业链创新体系。

同深圳和东莞一样，惠州是一座位于珠江东岸的城市，三座城市的协作使其所在区域成为粤港澳大湾区一个创新能力较强的地区。土地资源丰富，劳动力成本相对低廉，使惠州成为创新人才从深圳外溢出来较好的选择城市，深莞惠一体化正在不断推进。

（三）粤港澳地区港深着力科研技术创新发展

在粤港澳大湾区的城市里，香港和深圳的合作密切程度最高，紧随其后的是东莞和惠州。香港参与粤港澳大湾区建设的着力点是深港合作。香港的国际化程度比较高，加之自身丰富的科研资源，可以同深圳的科技产业相结合，将全球创新资源吸引到粤港澳大湾区，并实现与湾区的对接，与湾区内其他城市一起建设国际科技创新中心。

当前，包括香港科技大学、香港理工大学、香港中文大学等在内的 6 所香港大学已经在深圳设立了 72 个科研机构，有近 300 项转化成果和技术服务，151 个粤港联合创新资助项目。

（四）粤港澳地区珠澳互补协同开启新窗口

在粤港澳大湾区的城市里，澳门和珠海的协同合作最为紧密，紧随其后是东莞和广州。澳门和珠海因为地理、历史、文化等因素，长久以来有着比较密切的合作。澳门的产业结构比较单一，旅游业与博彩业十分发达，而珠海正在全力发展高新技术产业和现代制造业，使他们可以形成产业互补。

区位相近、中心凸显、优势互补是粤港澳大湾区各个城市之间创新协同所秉持的基本原则，人们可以从中心城市合作的辐射范围看到，广州和深圳同区域内差不多全部的城市都开展了不同程度的合作，香港与湾区内城市的合作较少，足以凸显广州和深圳这两座城市在粤港澳大湾区中的位置。

第三节　滨海湾区发展问题分析

一、长三角湾区协同发展问题分析

（一）区域城市功能定位和城市个性塑造问题

随着区域经济一体化向纵深推进，长三角在应对来自国际、国内和自我的挑战时，仅仅依靠各城市原来的独立优势已经不够，只有把各自的综合竞争力联合起来，从竞争走向竞合，突破城市空间地域范围，构建区域经济整体竞争力，才是区域内各个城市特色与个性塑造的基础，并将影响整个区域的城市聚集度与区域辐射力。

区域内城市需要用鲜明的城市个性，打造整体竞争力。在城市群中，一个城市只有不可替代，才不会在整个体系中失去自己的地位。区域经济一体化发展与区域内城市功能定位的关联和整合有着重要关系，城市功能的空间一体化是区域一体化发展在深度和高度上的推进。

当前，长江三角洲 16 城市的功能定位存在一定重叠和竞争。定位为先进制造业基地或制造业中心的城市有 9 个，虽然产业组合略有不同，但组合内部的产业门类却非常相似。在经济全球化背景下，长江三角洲面临着承接全球制造业转移和产业结构升级的可能性，区域发展的目标之一是成为全球先进制造业基地，因此，区域内各城市的产业发展定位与经济功能一体化仍存在较大矛盾。主要是因为各城市长期以来的本位意识、无序竞争、封闭经济、路径依赖和我国计划经济体制的历史遗留，造成城市间功能联系少、定位重合等现象。

在一个区域内的城市之间存在水平、层次、能级、功能区别，区域化是一个融合一体化的过程，区域化的过程必然是每个城市主动或被动确定并接受城市之间水平、能级、层级、功能差异的过程。在长江三角洲经济区，上海中心城市的功能表现突出，区域内其他城市在进行功能定位时应进行理性的实施功能嵌入，避免在空间功能安排上的不经济行为。当前，越来越多的长江三角洲城市意识到主动与中心城市上海建立密切联系的重要性，于是主动融入以上海为中心的长江三角洲都市经济圈，使长江三角洲区域城市空间功能发生积极自发的整合。

长江三角洲区域内各城市应在明确区域分工和定位基础上，确定各自城市，形成功能明确、分工合理的区域城市功能体系。如上海定位于国际化大都市，国际经济、金融、贸易和航运中心；南京建设全国重要的科研基地、国家历史文化名城和我国著名旅游城市；杭州建设著名国际旅游城市和国家历史文化名城；苏州建设现代化工业基地、国家历史文化名城和旅游城市；宁波建设长江三角洲南翼重要工业基地和经济中心、港口与陆路物流枢纽；南通建设长江三角洲北翼的江海门户以及能源、原材料及深加工为主的工业基地；舟山是建设港口旅游和现代渔业城市等。但是，在当前长三角的城市功能定位及产业结构趋同情况下，仍有城市在功能定位中将发展制造业放在重要位置，在制造业领域内争夺资源和要素，进行低水平的恶性竞争，无疑加剧了城市功能和产业趋同，进而影响未来产业升级与整个区域竞争力的提升。

（二）依靠科技进步推进自主创新问题

长三角是我国最发达的地区之一，但占主导地位的大多是劳动密集型产品，依靠的是建立在廉价劳动力和政策优惠基础上的低成本优势，产业发展层次较低，缺乏拥有自主知识产权的核心技术。当前，长三角的科技领域基本模式属于“追赶型”，侧重对发达国家先进技术的学习、引进和消化，尚未有足够的能力聚焦当代世界科学技术的产业进步战略前沿。科技主体存在缺位和分散现象，缺乏明晰的支持措施和具体的实施战略。科技资源部门和单位切割现象仍然存在，各部门在自主创新上未形成协调。科技项目重复，造成科研投入无效浪费。没有建立有效的成果转化机制，造成大量科研成果长期处于“搁置”状态，也造成了极大浪费。

此外，科技中介机构对区域竞争力的提升作用有限；区域技术市场和技术产权交易市场一体化程度不高；高新技术园区的合作与技术创新环境尚不成熟；人才资源流动壁垒等，都是制约长三角区域科技合作的因素。因此，构建长三角区域创新体系面临的问题，主要有以下四个层面。

1. 企业层面

在企业层面上，企业普遍缺乏技术创新的动力与实力。众多企业，尤其是民营企业仍然处在以量的扩张为主要方式的发展阶段，企业规模小，技术层次低，企业管理落后，需要整体提升。在企业技术引进工作中，普遍存在低水平分散重复引进，重设备引进而轻技术引进，重引进而轻消化、吸收、扩散和再创新的倾向与问题。企业作为技术创新主体的地位尚未真正确立，从而严重制约了长三角高新技术产业化和传统产业的升级。

2. 产品层面

在产品层面上，产品的科技含量普遍较低，是由于众多产品长期施行“低成本生产扩张战略”，一些高新技术产品大多停留在劳动密集型加工装配环节，缺乏拥有自主知识产权的核心技术。中外合资企业产品大都沿袭国外品牌而缺乏自主品牌，内资企业产品大都缺乏国际知名度，出口产品大都贴牌生产。

3. 产业层面

在产业层面上，长三角还未成为世界制造业的研发创造中心，长三角在积极承接世界制造业向我国及亚太地区转移的进程中，还只是一个主要承担加工的生产制造中心，远没有成为世界制造业的研发、创造中心，致使部分关键技术依然从国外进口，装备制造业发展严重滞后，成套能力薄弱，先进制造技术的研发和应用与工业发达国家仍有一定差距。

4. 制度层面

在制度层面，缺乏推动创新的激励机制、共享机制以及成果转化机制等。国有企业普遍缺乏适合技术创新人才脱颖而出的激励机制；产业组织内部与不同地区的同一产业之间普遍缺乏分工合作与共享机制，不利于高新技术的转移与扩散，使得高新技术产业很难形成足够的经济规模；在新产品的研制、开发与生产之间，普遍缺乏高效、健全的转化机制。

长三角地区在上游的基础性研究方面具有较强实力，但中游的应用研究相对薄弱，产学研之间缺乏彼此结合的链条与平台，科研与生产脱节现象尚未得到根本扭转。①

二、粤港澳湾区协同发展问题分析

（一）粤港澳湾区协同发展环境污染问题

1. 总体水质改善，但污染形势依然严峻

1978 年后，粤港澳湾区区域的社会经济发展速度迅猛，人们对该区域的开发强度不断加大，对水环境的污染物排放量越来越大，致使水环境污染问题日益严重。对此，相关治理主体采取了多种措施进行水污染治理，并取得了较好成绩。但是，当前粤港澳湾区区域城市群的水环境仍然面临各种污染问题。粤港澳湾区区域污染物排放量大，区域内的生活污染和工业污染相互叠加，点源污染和面源

① 韩佳. 长江三角洲区域经济一体化发展研究 [D]. 上海：华东师范大学，2008：95-129.

污染问题加剧，形成复合型污染。粤港澳湾区各城市间地理位置紧密相连，经济社会生活方面交往密切，区域内城市间相互影响加深，而当前流域性水污染问题日益严重，污染从河流下游向上游、干流向支流转移，跨界污染问题突出，导致污染地区上下游之间的矛盾不断，对区域的社会稳定造成一定影响。

2. 空气质量改善，但复合污染形势加重

根据《粤港澳珠江三角洲区域空气监测网络 2018 年监测结果报告》所公布数据显示，2006 年至 2018 年，监测网络测得的 SO_2、NO_2、PM_{10} 年平均值分别下降 81%、28% 及 36%，呈现出明显下降趋势，下降速率分别为每年 3.2、1.1 及 2.3μg/ 立方米。虽然一氧化碳（CO）和颗粒物 PM2.5 两个监测因子在 2014 年 9 月才加入整个网络体系，但 2018 年 CO 及 PM2.5 的年平均值相比 2015 年也均下降了 13%，反映出近年粤港澳联合或独立推行的减排措施，包括要求发电厂安装脱硫设施、制定及收紧车辆的排放标准、禁止高污染车辆进口、提高油品规格等，已对珠三角区域的整体空气质量带来改善。

监测网络录得的 2018 年臭氧浓度年平均值比 2006 年上升 21%，反映区内光化学污染仍待改善，三地政府会持续推行减排措施，以进一步改善区域内空气质量及光化学污染问题。珠三角区域的空气质量状况与公众日益增长的对良好空气质量需求之间仍然具有一定差距。①

（二）粤港澳湾区协同发展服务贸易自由化的法律问题

随着《广东协议》的生效实施和《服务贸易协议》的正式签署，实现广东乃至内地全境与港澳服务贸易自由化的目标指日可待。但是从 2003 年 CEPA（Closer Economic Partnership Arrangement，即《关于建立更紧密经贸关系的安排》的英文简称）签署实施以来，粤港澳服务贸易在不断发展过程中也存在诸多问题，比如 CEPA 实际开放度低于文本开放度，法律法规不明确、透明度低，审批程序繁琐复杂，存在次国民待遇情况以及申诉渠道不畅等问题，都是实现粤港澳服务贸易自由化需要克服的现实障碍。

1. 外资准入问题

东道国在对外资开放部门的广度和深度、对外资采用的承诺方式以及对外资在审核批准要求等方面的制度和措施，决定在外资准入前给予外资和外国投资者

① 张廉英．粤港澳大湾区环境治理中的政府合作研究 [D]. 广州：中共广东省委党校，2018：17-21.

的待遇水平，也影响东道国在服务贸易领域的开放程度。就CEPA而言，从实施初期强调内地与港澳间货物贸易自由化，到逐步开放服务贸易领域，再到基本实现粤港澳服务贸易自由化的目标，CEPA对服务贸易领域的完善在不断加强，对港资和澳资进入内地投资提供了极为便利的条件，特别是《广东协议》和《服务贸易协议》的签订和实施，将会为粤港澳服务贸易提供新的契机。但是在实现粤港澳服务贸易自由化过程中，关于港澳服务和服务提供者的准入制度同样存在诸多问题。

还在CEPA框架下采用较为保守的“正面清单”管理模式。CEPA及其补充协议在开放服务贸易的承诺方式上，一直沿用服务贸易总协定（GATS）和内地在加入世界贸易组织的服务贸易承诺方式，即采用“正面清单”管理模式。“正面清单”管理模式遵循的是“法无授权即禁止”的法律理念，东道国未承诺的服务贸易部门外资和外国投资者不得投资。这样的管理模式，一方面有利于东道国对外资领域的有效监管和全面控制；另一方面显示出东道国在外资领域的开放理念较为保守，实则不利于国内产业的有效竞争和长远发展。

CEPA采用“正面清单”管理模式以来，港资和澳资借此机会在内地，尤其是在广东投资设厂，进一步深化粤港澳之间的经贸合作，但从另一个角度来看，“正面清单”管理模式开放部门有限，港资和澳资投资集中于个别产业和领域，主要是在房地产、商务服务、批发零售和交通运输等服务贸易部门，而港澳的一些优势服务领域因开放力度低，并未给内地带来利好优势。比如香港的金融服务领域并未实质性地给内地带来诸如优质的资金、先进的管理理念和高端的金融人才等资源。所以，“正面清单”管理模式不利于内地与港澳服务贸易的深入发展。

虽然在《广东协议》中首次引入“负面清单”管理模式，并进一步开放服务贸易领域，但是要真正落地实现“负面清单”管理模式，还需要在诸如如何在外资准入前真正实现国民待遇、对内地新兴产业的保护与开放以及政府监管职能转变等问题上进行全面考虑，为真正实现粤港澳服务贸易自由化保驾护航。

法律法规不明确，透明度低。所谓透明度，指在国际服务贸易协定中，缔约方要及时全面地将与服务贸易有关的法律法规、政策规定、行政规则以及与缔约方有关的国际服务贸易协定等予以公布，使得外国服务和服务提供者能够方便有效地获取相关信息，知晓自身在东道国进行服务贸易活动的权利和义务，进而提高在东道国境内提供服务的稳定性和对未来服务贸易活动的预见性。GATS在第

3条中专门规定了透明度原则，要求各成员方及时公开影响服务贸易的普遍性措施，并且每年应当向服务贸易理事会通知影响服务贸易新的或变更的法律法规和行政准则，而且要求各成员方设立咨询点。

事实上，法律法规透明度是外资准入最为重要的内容。对于外国服务和服务提供者而言，只有充分了解东道国有关服务贸易的法律法规和行政规定，才能清晰地进行商业行为预判，研究自身在东道国进行投资和服务贸易的风险，全面有效地进行服务贸易活动。对于东道国而言，清晰明确的法律法规和行政规定划清了政府监管界限，能够有效地对外国服务和服务提供者进行管理，这些都是"负面清单"管理模式的内涵和外延。

2. 紧急保障措施问题

紧急保障措施的实施条件不明确。在《服务贸易协议》中规定紧急保障措施的实施前提条件是，一方对对方的服务贸易和相关服务产业造成重大影响，可以认为内地与港澳间实施紧急保障措施必须同时满足三个条件：一是一方某一服务部和相关服务产业受到重大影响；二是该重大影响必须是由于实施本协议项下的服务贸易所造成；三是两者间存在因果关系。但是具体到诸如如何定义重大影响，对相关服务产业造成影响程度的评价以及评估重大影响的权限分配等问题则是无从得知，因而造成紧急保障措施的规定过于原则性，定义过于宽泛，不适宜具体问题的适用。

紧急保障措施实施程序单一且缺乏可操作性。《服务贸易协议》规定了紧急保障措施实施程序，要求采取紧急保障措施的一方应及时充分地通知另一方，并且通过磋商的方式解决。对于磋商的时限，磋商的结果处理以及紧急保障措施采取的时限和措施的范围大小等没有涉及。这样规定的紧急保障措施实施程序不仅沟通协调方式单一，而且缺乏可操作性，无法在实际问题中加以运用。①

① 李伟. 粤港澳服务贸易自由化若干法律问题研究[D]. 广州：广东财经大学，2016：10-16.

第四节　滨海湾区发展的机遇与挑战

一、长三角湾区协同发展的机遇与挑战

（一）长三角湾区协同发展的机遇

1. 国家战略聚焦与叠加机遇

当前，国家和地区积极支持长三角一体化率先发展，先后出台了《长江三角洲地区区域规划》《苏南现代化建设示范区规划》《依托黄金水道推动长江经济带发展的指导意见》《长江经济带综合立体交通走廊规划》《推进长三角区域市场一体化发展合作协议》《长三角检验检疫一体化合作备忘录》《关于开展长江经济带海关区域通关一体化改革的公告》《长三角一体化背景下安徽承接产业转移若干政策建议》《长三角地区率先实现旅游一体化行动纲领》《建立联合整治机制，推进长三角生态环保一体化》等一系列政策，短时间内如此密集与全方位的政策历史罕见，而这些政策旨在推动长三角一体化发展，无疑是长三角一体化的重大机遇。

2. 产业转型升级机遇

当前，我国经济发展总体进入新常态，而推动产业转型升级是新常态的重要特征之一。长三角地区在发展过程中长期受到产业同构和低效率重复建设的困扰，阻碍了区域一体化的分工协作，而新常态下国家整体产业转型升级战略规划，无疑为长三角产业发展提供了新的机遇。

3. 上海自由贸易区发展机遇

上海自贸试验区建设被寄望成为新形势下上海改革开放基因的“培养皿”。当前，上海自贸试验区已经形成经过实践检验且确实管用有效的基本管理制度，特别是随着上海自贸区的扩区，其带来的巨大“溢出效应”和“辐射效应”已初现端倪。

上海作为长三角的龙头城市，与长三角其他城市地缘相近、人缘相亲、文化相通，有着长期良好的合作基础。随着长三角区域一体化程度越来越高，上海与周边城市的进一步深化合作、共同发展的空间也将不断拓展。上海将积极贯彻落实国务院关于长三角区域发展规划，以中国（上海）自由贸易试验区建设为平台，努力做好加快自身发展与主动服务长三角、服务全国“两篇大文章”，与长三角

其他省市一起，共享改革开放新机遇，共同为打造中国经济升级版做出应有贡献。

4. 城市圈及城镇化建设机遇

长三角被誉为世界第六大城市群，30 个城市的经济总量超过 10 万亿元，是中国参与国际竞争的重要城市群。深化长三角一体化发展，有利于在参与国际竞争中形成集群优势；有利于在统筹东中西区域发展中发挥先导作用；有利于在深化城市合作中提升整体竞争合力。

（二）长三角湾区协同发展的挑战

1. 政府机制和市场机制的不协调

长三角一体化的开启是政治动员的产物，因此，长三角的发展至今仍受到政治牵绊，逐渐形成政府主导型发展模式。该种发展模式面临着一些弊端：一方面由于政府决策的科学性、政府能力的有限性以及政府行为的可监督性无法保障，可能使长三角一体化未能沿着最佳路径推进；另一方面受传统地方政绩考核影响，相关部门尚未达成一致的利益协调机制。

2. 区域经济发展不平衡

虽然长三角地区整体经济发展水平位居全国前列，但区域间经济发展不平衡的问题依然严峻，对长三角一体化发展形成制约。除政治和制度因素影响外，区域经济发展不平衡的原因主要包括人才、资本、信息、技术等在内的要素差异。从当前情况来看，上海、苏南、浙北地区的要素资源比较丰富，而苏北和浙南的资源相对匮乏，导致长三角发展呈现出“上海—苏南（浙北）—苏北（浙南）”的梯度差异；要素差异的直接影响是产业差异，要素资源丰富地区都形成了各自特色产业和优势产业，而不具备优势产业的地区，发展则相对落后和被动，长此以往会直接导致经济发展水平的不平衡和人民生活水平的差异。

3. 缺乏拥有国际竞争力的企业

产业同构严重，集聚水平不足，缺乏拥有国际竞争力的企业。由于客观条件相似以及政府利益驱动下的投资方向一致，长三角地区产业同构现象严重，不仅产业相似系数高，同一层次中的产业结构也相同，城市特点缺乏鲜明性。

长三角核心区 16 个城市中，有 11 个城市将汽车、8 个城市将石化、12 个城市将通信作为重点发展产业。虽然产业同构客观上为产业集聚创造了条件，但产业集聚不是简单的重复和集中，而是产业链接和产城融合，产业集聚的目的是实现资源集约利用和产业功能整合，要求企业之间加强信息交流和合作，实现优势互补、错位竞争、链接发展，进而提升整体竞争力。然而，当前长三角地区的产业在利益驱动下重复建设严重，难以实现集群效应，造成资源浪费，也无法培养品牌竞争力。

4. 城市间的协调联动性不足，难以发挥城市群效应

城市群建设有助于促进城市圈内经济的增长和发展，并通过“集聚效应”和“辐射效应”逐渐缩小地区间的差距。然而，从当前长三角城市群发展现状来看，合理的城市层级和分工体系尚未形成，存在“简单均衡”现象，城市间协调联动性不足，难以发挥城市群效应，影响一体化发展。

此外，从城市群发展效率来看，由于各城市圈中心城市的辐射半径差异，致使圈外被辐射区域的“塌陷区”和“重叠区”同时存在，资源浪费和短缺同时并举；从城市群发展质量来看，资源与环境压力逐年加大，城市的生活成本持续上扬而生活环境质量不断下降，城市群的发展质量面临考验，城市群可持续发展的前景不容乐观。①

二、粤港澳湾区协同发展的机遇与挑战

（一）粤港澳湾区协同发展的机遇

1. 新的交通基础设施重塑区域时空格局

珠江三角洲是一个典型的河口三角洲，汇集西江、东江和北江入流，河网纵横棋布，有八大出海河口，河口发育着淤泥滩涂湿地。珠三角地理环境特征，对城市群的空间形态产生了根本性影响，形成现在东岸城镇密集，西岸城镇线性分布的特征。位居珠江口的珠海、中山以及广州南沙等地，尽管也位于环湾地区，但受制于海湾“天堑”，与东岸中心的实际联系较弱，中心近在眼前，却宛如处于空间引力场的外围。然而，地理空间的隔绝即将被新的区域交通基础设施建设所改变。当前，已近完成的港珠澳大桥、虎门二桥以及即将建设的深中通道、深茂铁路等跨湾交通建设，将极大缩短两地的时空距离，珠三角城市群的空间格局将会发生改变。

此外，珠三角蓬勃发展的轨道交通，将是另一个改变城市群形态的重要因素。在“一带一路”倡议下，国家正在推动高铁网与南亚、东盟“泛亚铁路”的对接。

① 孙亚南. 新常态下长三角一体化的机遇与挑战 [J]. 当代经济管理，2015，37（10）：65-68.

贵广、南广高铁的开通不但加强了珠三角与大西南地区的联系，而且通过南宁、昆明、贵阳等铁路枢纽可以联系泛亚铁路，形成珠三角—东南亚的铁路运输大通道，为珠三角城市群的发展打开更广阔的腹地。

2. 全球化的变化重塑区域开放格局

一方面，国际金融危机后发达国家市场需求不振，贸易保护主义兴起；另一方面，随着劳动力等要素成本的上升，中国在全球的低成本竞争优势不再。然而，亚非拉等新兴经济体的市场需求却保持着强劲的上扬态势，东南亚、南亚、中亚以及拉丁美洲、非洲成为中国对外出口的新方向。这种发展形势的变化引起中国开放格局的变化，中国提出“一带一路”倡议，从国家层面大力推动与“一带一路”沿线国家的经贸合作和文化交流。同时，中国经济常年高速增长，国内市场不断成长，为驱动中国经济的增长释放出日益巨大的能量。

3. 公共资源再配置重塑城市群等级格局

中国城市鲜明的行政等级特征，使得不同行政等级城市在权限设置、资源配置、制度安排等方面形成差异，而这种差异促成当今中国城市规模大小及增长与其行政等级高低密切相关的现象。

一直以来，珠三角城市之间有着非常清晰的等级序列，即以国际大都市香港为引领，广州、深圳为核心，三个高等级城市由南到北一字排开，在这种空间格局下，港—深—广构成的发展轴具有经济区位优势和行政级别优势的双重叠加，使得沿线在吸引优质资本、技术和人才、开展国际交流活动等方面具有更大优先权，从而进一步强化发展差别。

中国城市的等级化现象不但表现在城市之间，在城市内部也存在。城市中心区是政府所在地，各种配套优先获得，而外围组团或者乡镇、公共服务的配套往往滞后，形成等级高、公共服务配套好的中心区房价高企（深圳、广州为甚），外围房价低、公共服务也递减的城市格局。因为工业企业对低成本的高度偏好，这种“高品质高价格”的同心圆格局在工业化时期有其现实合理性，但在创新日益重要的后工业化时期却是问题。由于科技创新人才对生活环境要求高，但科创活动风险大，使得企业成长初期难以承受高成本。因此，在保持交往便利条件下的“高可达，高品质，低成本”，成为科创企业空间需求的特征。

“粤港澳大湾区”概念提出后，各市对自身的空间战略调整，已揭示出省、市资源要素投入格局的调整。“湾区”正在打破现有的公共服务配置方式，让处于中心区外缘而生态环境优美的环湾地区城市公共服务能够得到提升，形成高品质的服务和生活环境。湾区的便利、品质和相对低成本，将为科技产业的发展提供新的优良场所。

在各市环湾地区投放的一系列高标准配套与区域一体化设施的整合下，珠三角将有望形成一个新的城市群体系格局，即由现在的“轴线—边缘”结构，转变为围绕湾区的“圆桌形”结构。随着“粤港澳大湾区”概念的不断深化和做实，湾区将进入一个自我催化促进的过程，因为“湾区”概念的共享共用，将有利于各种要素向原来层面更低的城镇流动，珠三角数量巨大的中小城镇以及在小城镇的企业也可以跳出所属城市范畴，利用“粤港澳大湾区”的品牌效应提升自身对外吸引力。因此，一个更加平等化、网络化的城市群时代将会加快到来。

（二）粤港澳湾区协同发展的挑战

珠三角能够在几十年的时间里由农业经济转变为世界工厂，与港澳的作用密切相关。以港澳产业转移为先导，在市场推动和政府协助下，港澳与珠三角在20世纪90年代形成“前店后厂”协作互利关系，带给双边极大的利益。借助港澳的协作关系，珠三角得以快速实现工业化，而香港则在全球城市排名中达到史无前例的第三，成为被称为世界经济的“纽伦港”三中心之一。

但是，自21世纪以来，与珠三角区内城市产业和功能分工日渐明晰的情况相反，珠三角与港澳经贸关系则由原来清晰的垂直分工格局（“前店后厂”）走向不明朗。港澳台与广东省城市间的分工协作关系日益恶化，地缘经济关系从过去的互补性转变为竞争性，粤港澳台地区的整体竞争出现同质化倾向，阻碍了粤港澳台地区的深度合作和区域经济一体化发展，港澳台资也逐渐失去海外接单、内地生产的搭配优势。

实际上，内地与港澳之间依然存在很强的相互需求和互补性，也有很大的合作空间。港澳拥有连接全球的高水平现代管理和服务资源优势，但是，由于自身土地、劳动力等资源不足，科研创新成果缺乏与之配套的产业转化平台，于是迫切需要拓展经济发展的新空间，而破解障碍建立三地新的分工关系，是摆在粤港澳面前的挑战。

第四章　我国滨海湾区城市发展的协调性评价指标分析

关于我国滨海湾区城市发展的协调性评价指标，需要具有相对的独立性，指标体系的选择应排除密切相关的指标，范围和对象互相不重叠，彼此独立，减少计算和研究的复杂性，确保数据明确、数目合适、重点突出，让整体的评价方案达到最优状态。本章重点探讨我国滨海湾区城市发展的协调性评价指标的模型建立、指标选取以及指标评价。

第一节　模型建立

地方政府之间横向合作效应在区域协调发展过程中有着不可替代的作用。区域协调发展水平的高低，受到地方政府之间横向合作水平高低的影响。因此，在选取促进区域协调发展路径时，应该提高地方政府之间横向合作水平。

一、城市群空间组织效率

（一）空间组织效率的影响因素

空间要素流动、配置与整合能力是决定空间组织效率大小的三个主要因素。

空间要素流动。众所周知，资本总会向利润高的区域流动，而要素也如同资本，当他们在不同的区域之间，甚至是在区域内部进行流动时，总是将追求高回报率作为他们的首要目标。如果要素在不同的区域或者区域内部流动时遇到的障碍比较少或者基本没有，则说明区域间或某一区域的空间组织效率比较高。

空间配置、整合能力。是否能够充分利用要素资源，如对要素资源进行配置、整合，也与提升城市群空间组织效率有着密切关系。就某个城市群的发展而言，只有其内部各个城市之间展开协同发展，才会促进整体城市群的发展。为此，需要站在把城市群看作一个整体的高度，研究城市群空间组织效率。城市群的整体发展离不开每座城市的协调发展，唯有城市群内每座城市之间进行合作，才可以实现城市群内部的协调发展。这一切的基础则是共享要素资源。通过共享资源，区域内每座城市都能够参与社会、经济、文化等各个领域的合作，使要素向回报率高的地区流动，最大程度地利用好要素，从而在整体上提升城市群空间组织效率。

（二）地方政府行为与空间组织效率的关系

城市群空间组织效率有其复杂性和综合性。城市群空间组织效率的大小受到空间要素流动、整合、配置影响，可见，其同区域内地方政府的行为有着密切关系。城市的发展方向经常会受到政府规划、政策等直接影响。此外，政府的财政政策对城市的发展效率也有很大影响，只有将城市群内部不同城市的发展方向协调好，才能够在整体上提升城市群的空间组织效率。城市群的发展规划与不同城市政府之间的协调有关，在兼顾各个城市政府的利益基础上，需要建立区域管理协调、合作机制，并且对区域性问题，如生态环境、基础设施进行解决。这样，城市群空间组织效率才能提升。

城市群的发展规划在很大程度上能够影响城市群空间组织效率，所以，地方政府应该对城市的发展目标和发展理念进行不断更新，制订出具有较高科学性和合理性的城市发展战略和发展规划。在进行城市群规划时，每座城市的区位优势是首要考虑的因素，这样才能够构成合理的空间组织结构。

例如，长三角城市群。长三角城市群成立于 1982 年，成立之初仅有 10 座城市，包括上海、杭州、苏州、宁波、无锡等。1992 年，长三角城市群又增加了 4 座城市，分别是南京、扬州、镇江、舟山，数量达到 14 座。之后，随着泰州、台州、盐城等城市的加入，到 2013 年时长三角城市群已经达到 30 座。经过国务院的总体规划和协调，在 2016 年颁布了《长三角洲城市群发展规划》，最终确立了跨三省一市的 26 座城市组成的长三角城市群。

随着时间的推移，城市群的规划发生了巨大变化，空间组织结构也相应地发生了改变。最初是点—轴状态，之后发展成圈层状态，现在形成了网络结构。同时，城市群的空间组织效率也在随之变化。从量化角度出发，由于地方政府的财政政策，城市群内各个城市在要素资源配置、环境保护、基础设施建设等方面发生了变化，进而对城市群空间组织效率产生了影响。

（三）空间组织运行效率

空间组织运行效率是空间组织效率的一个重要因素。从紧凑型城市群理论值可以得出：紧凑型城市群的运行效率比较高。这是因为城市群的紧凑程度比较高，人们消耗的资源就少，花费的时间成本有限，交通成本也会随之降低，所以紧凑型城市群的空间组织效率比较高，对城市群空间组织运行效率的衡量进行研究时，可以借助紧凑型城市群理论，主要体现在空间、交通、产业等要素上，还要重视他们之间的协调发展。①

二、度量化模型建立

（一）产业运行度量化模型建立

产业运行度量化模型由三个指数构成。

用 *Icc* 表示产业集中度指数。产业集中度指数由地区生产总值、工业总产值等变量组成。产业集中度指数越大，表明城市群的工业化水平越高，产业运行效率也越高。

用 *Icj* 表示产业结构集中度指数。产业结构集中度指数是由一、二、三产业的产值、地区生产总值等变量组成，反映城市群产业结构的发展状况。

用 *Ice* 表示经济联系强度指数。经济联系强度指数由城市间距离、地区生产总值等变量组成，以城市经济增长总量表示城市吸引力。如同产业集中度指数，产业结构集中度指数和经济联系强度指数的数值越大越好。

需要标准化地处理这三个指数，可采用极值法。极值法用于表示城市群空间组织产业运行度，测算模型如下：

$$I_c = \alpha_c Icc + \beta_c Icj + \gamma_c Ice \qquad (4\text{–}1)$$

$$I_{cc} = \sqrt{\frac{\sum_{i=1}^{n}\left(x_i - \overline{X}\right)^2}{n-1}} \times \frac{\sum x_i}{n},\quad x_i = \frac{M_i^2}{GDP_i} \qquad (4\text{–}2)$$

$$I_{cj} = \sqrt{\frac{\sum_{i=1}^{n}\left(x_i - \overline{X}\right)^2}{n-1}} \times \frac{\sum x_i}{n},\quad xi = \frac{\delta F_i + \varphi S_i + \omega T_i}{GDP_i} \qquad (4\text{–}3)$$

① 朱丽，陈峻，何鹏，等.基于主成分分析的城市空间形态与公交发展协调性研究 [J]. 南京理工大学学报（自然科学版），2019，43（3）：353–362.

$$I_{ce}=\frac{\sum_{i j=1}^{n}\frac{\sqrt{P_i\times GDP_i}\times\sqrt{P_j\times GDP_j}}{D_{ij}^2}}{1+2+\cdots+(n-1)} \qquad (4-4)$$

$$x=\frac{x_i}{\max x_i} \qquad (4-5)$$

用公式 4–1 计算城市群空间组织产业运行度。城市群空间组织产业运行度是三个指数的加权，包括产业结构集中度指数、产业集中度指数、经济联系强度指数。其中，产业结构集中度指数用 *Icj* 表示，产业集中度指数用 *Icc* 表示，经济联系强度指数用 *Ice* 表示，α_c、β_c、γ_c 是产业结构集中度指数、产业集中度指数、经济联系强度指数的权重，即 α_c=0.3，β_c=0.36，γ_c=0.34。

用公式 4–2 计算产业集中度指数，*Mi* 表示第 i 座城市的工业总产值；GDP_i 表示这座城市的经济增长总量。城市群中第 i 座城市的产业集中度指标用 x_i 表示，一般情况下，这个值由 M_i^2 和 GDP_i 相除得到。

用公式 4–3 计算产业结构集中度指数。F_i、S_i、T_i 分别表示城市 i 第一、第二、第三产业的产值；δ、φ、ω 分别是 F_i、S_i、T_i 的加权值。用于计算权重的数据和方法都来自已有的文献，他们的数值分别是：1.5、3.87、4.63。城市群中第 i 座城市的产业结构集中度指标用 x_i 表示，城市群中所有城市的数量用 n 表示。

用公式 4–4 计算经济联系强度指数。GDP_i 表示第 i 座城市的经济增长总量；GDP_j 表示第 j 座城市的经济增长总量；P_i 表示第 i 座城市的人口规模；P_j 表示第 j 座城市的人口规模。城市群中，所有城市的数量仍用 n 表示，可以通过翻阅《2019 中国高速公路及城乡公路网地图集》来查询两个城市之间的距离。

用公式 4–5 表示对产业集中度指数、产业结构集中度指数、经济联系强度指数的标准化处理。x_i 表示指数数值，代表每个指数中某一指数的最大值。

（二）空间运行度量化模型建立

空间运行度量化模型用于衡量城市群空间效率。空间运行度量化模型指对各种要素在空间上的联系程度进行测度，包含人口密度、土地集约利用程度、城市节点的空间组合状况等。空间运行度量化模型主要衡量的对象是人口、城镇的空间联系程度和空间配置状况。空间运行度量化模型由土地集约利用指数、人口密度指数、城镇密度指数构成。

下面分别用 *Isl*、*Isp*、*Isu* 表示三个指数，*Is* 表示空间运行度。测算模型为：

$$I_s = \alpha_s I_{sl} + \beta_s I_{sp} + \gamma_s I_{su} \qquad (4\text{-}6)$$

$$I_{sl} = \sqrt{\frac{\sum_{i=1}^{n}\left(x_i - \overline{X}\right)^2}{n-1}} \times \frac{\sum x_i}{n},\ x_i = \frac{Q_i}{W_i} \qquad (4\text{-}7)$$

$$I_{sp} = \sqrt{\frac{\sum_{i=1}^{n}\left(x_i - \overline{X}\right)^2}{n-1}} \times \frac{\sum x_i}{n},\ x_i = \eta_j \frac{P_i}{A_i} \qquad (4\text{-}8)$$

$$I_{su} = \frac{\sum \alpha_j Nj}{\sum A_i} \qquad (4\text{-}9)$$

用公式 4–6 计算空间运行度。空间运行度是三个指数的加权，包括土地集约利用指数、人口密度指数、城镇密度指数，他们的数值分别是：0.35，0.28，0.37。

用公式 4–7 计算土地集约利用指数。用 Wi 表示第 i 座城市土地的集约利用程度，这个数值的取得可以用城市地区生产总值除以城市建设用地面积；x_i 表示地区生产总值；*Qi* 表示城市建设用地面积。如果土地集约利用指数高，表明土地资源利用程度高，产出效益也高，因此运行效率更高。

用公式 4–8 计算人口密度指数。用 x_i 表示第 i 座城市的人口密度指数，该指数可以由通过土地面积和城市总人口及相应城市规模权重的乘积得到，第 i 座城市的总人口用 P_i 表示，土地面积用 A_i 表示。城市群中所有城市的数量用 n 表示，η_j 表示不同城市规模等级的权重。在这里用于计算权重的数据和方法都来自已有的文献，因此，超大城市、特大城市、大城市、中等城市、小城市的权重分别是：0.36，0.28，0.20，0.12，0.04。

用公式 4–9 计算城镇密度指数。城镇密度指数与每座城市等级权重、相应等级的城市数量、城市土地面积的加总等变量有关。通常情况下，拥有越多规模等级相同的城市，该城市群的城镇越紧凑。因此，城市群城镇密度指数因城市等级规模不同而产生差异，越是等级规模高的城市，对城市群城镇密度指数的影响就越大。

（三）交通运行度量化模型建立

从便捷性和通达性角度，比如城市之间的距离、货运量、客运量、城市的吸引力反映交通运行度。以下对交通运行度量化模型进行构建，I_t 表示交通运行度，由加权通达指数、非加权通达指数、交通空间运行性指数构成，分别用 I_{tt}、I_{tf}、I_{ts} 表示，测算模型如下：

$$I_{tt} = \alpha_t I_{tt} + \beta_t I_{tf} + \gamma_t I_{ts} \quad (4\text{-}10)$$

$$I_{tt} = \frac{\sum_{i=1}^{n}\left(T_{ij} \times \sqrt{GDP_j \times P_j}\right)}{\sum_{i=1}^{n}\sqrt{GDP_j \times P_j}} \quad (4\text{-}11)$$

$$I_{tf} = \sqrt{\frac{\sum_{i=1}^{n}\left(x_i - \overline{X}\right)^2}{n-1}} \times \frac{\sum x_i}{n}，\ x_i = \frac{\sum_{i=1}^{n} T_{ij}}{n-1} \quad (4\text{-}12)$$

$$I_{ts} = \sqrt{\frac{\sum_{i=1}^{n}\left(x_i - \overline{X}\right)^2}{n-1}} \times \frac{\sum x_i}{n}，\ x_i = (1/2)\left(\frac{Q_i}{\sum Q_i} + \frac{C_i}{\sum C_i}\right) \quad (4\text{-}13)$$

用公式 4–10 计算交通运行度。交通运行度是三个指数的加权，包括加权通达指数、非加权通达指数、交通空间运行性指数，他们的数值分别是：0.28，0.16，0.56。

用公式 4–11 计算加权通达指数。用 T_{ij} 表示从 i 城市到 j 城市需要耗费的最低成本。这个数值由城市之间的距离除以高速公路时速可以得到，也就是最少的时间，可以通过查阅《2019 中国高速公路及城乡公路网地图集》找到城市之间的距离（注意：高速公路的时速按照 100 千米每小时计算）。GDP_j 表示第 j 座城市的经济增长总量，由某座城市的经济增长总量能够看出它的吸引力。P_j 表示第 j 座城市的人口，n 表示不包括 i 城市在内的城市数量。就通达性角度而言，使用加权通达指数反映城市的交通运行效率，以体现两座城市之间的便捷程度。如果加权通达指数越小，则说明两座城市之间往来越便捷，相应地，城市交通运行效率就越高。

用公式 4–12 计算非加权通达指数。用 x_i 表示第 i 座城市非加权通达指数，城市群中非加权通达指数的平均值用 $\overline{X}$ 表示，T_{ij} 表示从 i 城市到 j 城市需要耗费的最低成本，城市群中所有城市的总数仍用 n 表示。无论是加权通达指数，还是非加权通达指数，指数越小，交通运行程度越高。

用公式 4–13 计算交通空间运行性指数。用 x_i 表示第 i 座城市的交通空间运行性指数，Q_i 表示第 i 座城市的客运量，C_i 表示第 i 座城市的货运量。城市群城市客运量和货运量是对人流和物流的流动程度反应，从客观上反映城市交通空间运行效率。交通空间运行性指数越大，表明城市群要素流动越频繁，城市群交通运行效率越高。[①]

第二节　指标选取

一、海选指标与专家成员

海选指标是遵循科学、全面以及可操作的三原则，结合国家一系列相关政策，筛选指标，从而确定地方政府之间横向合作的评价指标。在此基础上，构建地方政府之间横向合作评价指标体系框架。这个体系框架包括一级指标 6 个、二级指标 50 个、三级指标 50 个。地方政府之间横向合作评价指标体系框架构建完成以后，可以设计调查问卷。

专家成员。按照研究目的和研究内容，在知网上可以查找到写过地方政府之间横向合作论文的作者一共 245 位。在这 245 位作者中，可以随机选取 31 位。虽然是随机，但是仍然有要求，即取得中级职称、工作满 5 年及 5 年以上。另外，需要选取来自不同地方的 23 位作者。

二、实施过程与指标处理

在实施过程中，要利用多种调查手段展开问卷调查。在问卷中，可以设计 4 个子表，分别是：专家基本情况调查表、概念界定表、评价指标函询表、判断依据和熟悉程度表。接受调查的专家有权就每个子表中的任何指标做出修改或者删减，同时根据重要程度、熟悉程度、判断依据对指标做出选择。问卷收回以后，需要对专家的问卷进行整理，将相关信息进行转换，并对其进行赋值处理，形成数据集，借助相关软件对数据集展开分析，计算出各级指标筛选系数以及问卷质量评价系数。

为了使调查问卷设计得更加科学、合理，还需要根据调查问卷结果，对之前构建的地方政府之间横向合作评价指标体系做出进一步修改：一级指标 6 个、二级指标 16 个、三级指标 48 个。处理妥当后，需要展开第二次、第三次问卷调查。

① 杨洁，王国胤，李帅，等.基于边界域的邻域知识距离度量模型[J].计算机科学，2020，47（3）：61-66.

经过三次问卷调查后，再结合专家的问卷结果，对各级指标的筛选系数和问卷质量评价系数进行两次计算，最终确立地方政府之间横向合作评价指标体系，即一级指标 5 个、二级指标 12 个、三级指标 35 个。

当第一次问卷调查结束以后，基于对调查问卷的统计和相关软件的计算结果，发现在一级指标中，信任指标和文化指标的相关性比较强，因此将他们合并为社会资本指标。同时，把不能满足指标筛选条件的指标剔除出去。在对二级指标进行优化时，可以将“冲突处理机制”更改为“利益协调机制”，并且将三个指标进行降维处理。这三个指标分别是：利益奖励机制、利益约束机制、利益表达机制，同时加入“利益激励机制”。从相关性角度来讲，将“利益分配机制”和“利益补偿机制”加以合并，组成“利益分配机制”。在对三级指标进行优化时，可以合并四个指标，形成两个新的指标，即信用激励机制、信息共享奖励机制。

在第二次问卷调查以后，从相关性角度来讲，将 6 个三级指标加以合并，形成两个新的指标，即信用维持机制、协调合作文化。同时，按照指标筛选条件剔除“动态激励机制”。此外，将“区域全面发展考评机制”加入三级指标中。

在第三次问卷调查结束以后，经过相关计算，每一级的指标都能够满足条件。至此，经过三次调查问卷的修改和调整，才能够最终形成地方政府之间横向合作评价指标体系，即一级指标 5 个、二级指标 12 个、三级指标 35 个。[①]

第三节　指标评价

一、指标评价体系

滨海湾区区域协调发展中，地方政府横向合作的指标评价体系具体如下。

（一）政策制度指标与目标协调指标

1. 政策制度指标评价

政策制度指标指向的是区域协调发展的政策制度建设情况。政策制度指标既是地方政府之间横向合作的物质基础，又是保障地方政府之间横向合作能够持续发展的根本。地方政府之间横向合作的政策制度指标由三个具体指标构成，分别是行政合作制度、金融财政政策、官员考评制度。其中，行政合作制度包

① 孙焕丽．滨海湾区城市空间发展研究 [D]. 天津：天津大学，2009：5-58.

括基础设施合作制度、应急管理合作制度、政府合作服务流程、政府合作法律法规四个子指标；金融财政政策包括金融协调政策、金融扶持政策、财税政策支持三个子指标；官员考评制度包括可持续合作考评制度、区域全面发展考评制度两个子指标。

就各项指标的权重而言，在政策制度指标中，"区域全面发展考评制度"位列榜首，可见在地方政府之间横向合作中，官员的重要性。官员考评制度能够激发官员在地方政府之间横向合作中的动力。通常，他们可以有效聚集各种发展资源，发挥规模效应，全力推动区域的全面发展。排第二位的是"政府合作法律法规"。在协同发展区域内地方政府之间横向合作时，法律法规起到重要作用。如果缺失法律法规对地方政府之间横向合作的约束，则无法保证其具有长效性和公平性。同时，区域协调发展中有了法律法规作为保障，地方政府各合作方在获得利益的同时，也不会逃避自身应该承担的推动横向合作的责任和义务。

除此之外，对于同政府之间横向合作相悖、带有地方保护主义的政策法规，应该从法治层面加以限制，确保地方政府之间横向合作有法可依，确保当地方政府之间横向合作产生矛盾时，能够利用法治手段进行协调，使地方政府之间横向合作的法治渠道始终处于畅通状态。

2. 目标协调指标评价

之所以要选择横向合作这条路，是因为各个地方政府之间有着一样的发展目标，但是由于发展条件存在差距，所以将每个合作方的目标整合起来就显得特别重要。任何一个参与地方政府之间横向合作的单一政府是否能把自身目标与合作的总目标协调好，对地方政府之间横向合作的质量和合作程度都是一种考验。目标协调是否具有科学性，在很大程度上能够使地方政府之间横向合作以后避免很多问题的发生。

目标协调指标由两个二级指标组成，即目标一致性、发展目标。其中，目标一致性包括合作伙伴目标和区域总目标两个子指标；发展目标包括基本公共服务均等化、区域可持续发展、提升综合竞争力、实现社会和谐四个子指标。当前，地方政府之间横向合作所追求的共同价值目标有四个：一是基本公共服务均等化；二是区域可持续发展；三是提升综合竞争力；四是实现社会和谐。在这中间，能否实现区域社会治理体系和治理能力的现代化，是各个地方政府关注的焦点，也是区域协调发展向和谐社会迈进的唯一道路。

（二）信息沟通、利益协调及社会文化指标

1. 信息沟通指标评价

在互联网技术飞速发展的今天，能否建立有效的信息沟通机制是地方政府之间横向合作的物质基础。各地方政府在区域信息共享平台所提供的数据和技术帮助下，实现对信息的搜索、传递与反馈。一定的激励约束制度可以为有效的信息沟通机制保驾护航，从一个更加长远的角度保护各地方政府的自身利益。因此，信息沟通指标由三个二级指标组成，即信息共享平台、信息共享运行机制、信息共享激励机制。

信息共享平台包括区域网络和区域数据库两个子指标；信息共享运行机制包括共享信息搜索、共享信息传递、共享信息反馈三个子指标；信息共享激励机制包括信息共享奖励机制和信息共享约束机制两个子指标。从各项指标的权重来看，在信息沟通指标体系中，“共享信息反馈”的权重位列第二。

众所周知，信息沟通并不是一个开放的过程，而是一个闭环的过程，信息反馈是这个过程中非常重要的一环，一旦信息沟通机制被建立起来，当人们对信息进行提供、传递、获取时就会更加容易。只有具备了创新能力，才能够进行信息反馈，也正是因为信息的双向反馈和利用，共享信息才能够产生实际价值。

2. 利益协调指标评价

利益协调指标由两个二级指标组成，即利益分配机制、利益激励机制。其中，利益分配机制包括财政转移支付、政府间协议补偿、区域政府宏观调控三个子指标；利益激励机制包括利益约束机制、利益奖励机制、利益表达机制三个子指标。

在地方政府之间横向合作中，有效的利益协调机制不仅可以对合作的公平性和合理性做出保障，还可以对地方政府之间的利益冲突加以避免或化解。共担风险、共享利益是利益协调指标应该坚守的原则，只有这样，才能使利益分配体现出公平性。利益激励机制的激励和约束效，应能够保障利益分配的合理性。要做到这一点，必须具备两个条件：一是拥有有效的利益约束机制；二是通过科学合理的奖励机制对各合作方的行为选择加以引导，保持他们的合作积极性。其中，畅通的利益表达机制是实现公平合理利益分配的纽带。从现实情况来看，应该对每个合作方的利益诉求进行动态协调，使地方政府之间横向合作的系统性运作风险有所降低，避免机会主义对每个合作方的不利影响，让他们都能够实现利益、承担风险、负起责任。

3. 社会文化指标评价

社会文化指标包括两个二级指标，即文化认同、信用机制。其中，文化认同包括观念转变、协调合作文化、社会协同三个子指标；信用机制包括信用评估机制、信用审核机制、信用激励机制、信用维持机制四个子指标。在地方政府之间的横向合作中，社会文化的合作元素在一定程度上有着很大影响，是因为地域临近的几个地方政府在地缘社会文化传统上有着密切联系，一些地方政府才能做出横向合作发展的决策。

通常，人们总是将文化认同区域内的几个行政地区看作一个整体，而且区域内地方政府之间横向合作一直都存在，从未间断，而区别在于合作的程度和规划是否具有整体性。因此，地方政府之间横向合作背后的强大推力，是地缘社会文化联系和认同。

地方政府之间相互信任的基础是建立并有效地运行信用评估机制，在制度化合作机制中纳入各合作方声誉，对各自的行政管理水平、政府责任、协同效率进行综合评价，特别是他们的合作协同性、合作能力、可靠度。①

二、城市群空间组织效率指标

从时间的角度来看，城市群的发育程度同城市群运行效率有着密切关系。也就是说，城市群发育程度提高的同时，城市群空间组织运行效率也会相应提高。下面以长三角城市群为例，研究城市群空间组织运行效率的相关指标。

（一）城市群的发育程度

城市群空间形态是否紧凑，与其发育程度有着直接关系。对此，可以从两个方面评价城市群空间形态的紧凑性。

一是城市群物质实体的密度和城市群虚拟实体的密度。城市群物质实体的密度，通常包括城市群中城市的数量和人口规模总量，而城市群虚拟实体的密度则包括地区生产总值，第一、二、三产业的产值以及他们在地区生产总值中的比重。

二是经济联系强度。通俗讲就是城市群内各个城市之间的经贸往来。结合多维量化指标对我国城市群发育程度的测度后可以发现，长三角城市群发育程度指数位列各城市群发育程度指数榜首，高达 10.57，充分说明长三角城市群形成得

① 傅成红．城市群综合交通运输承载力及协调性评价 [J]. 交通运输系统工程与信息，2017，17（2）：21-27.

比较早，且发育程度比较高。城市群如果形成时间越早、发育程度越高，则交通设施就会越便捷，经济发展水平也会越高，能够支撑较高层次的产业结构，进而吸引更高层次的人才。这样的城市群中各个城市的规模比较合理，有比较完备的城镇体系，不同城市之间的经贸联系也更加紧密（也就是经济联系强度比较高），与其他城市群相比，这样的城市群运行效率会更高。

（二）城市群的产业结构

理解城市群产业结构的调整和升级，可以从两点展开。首先，三次产业比例。由低级低水平向高级高水平过渡，同时逐步优化并完善；其次，产业、产品实现两化，即现代化、高级化。纵观全球，产业结构的调整和升级会使得劳动密集型产业向资本、技术、知识密集型产业转变。如果一个城市群的等级比较高，则产业等级也会比较高；从产业链理论来看，在高水平产业中，资本、技术、知识密集型产业所形成的产业密集区，投入产出效率也较高。

城市群产业结构的优化使得产业紧凑度和运行度得到提升，进而提高了城市群空间组织运行效率。例如，无锡和常州两座城市的装备制造业发展情况，基于自身产业基础，依靠政府财政投入的支持，由过去的制造业发展成如今的智能装备制造业，不仅带动了上下游产业发展，还实现了产业的优化升级，同时构建比较完整的产业链体系。这一成绩的取得，归功于生产模式的转变，即由过去粗放式的生产模式转变为集约型的生产模式，不仅节约了生产资料，经济、产业的密度也得到提升，进而提升紧凑度和运行效率。

与传统制造业相比，装备制造业除了有着耗能低、用料少的优点以外，产品的技术含量也更高。在传统制造业向装备制造业转型过程中，各个城市之间的产业合作得到增加，各种要素频繁流动，这加深了城市之间的经贸交流程度。

（三）城市群的交通网络

城市群空间组织的运行效率，在很大程度上受到交通网络体系建设影响，特别是交通运输成本的下降。产业的聚集与分散和运输成本的高低有着密切联系。低运输成本使得产业聚集，而高运输成本使得产业分散。从某种程度上讲，产业聚集是城市群的空间表现。

交通如果发展得好，不但城市自身受益，还能够带动临近城市的发展。同时，较低的交通成本对各个城市之间的贸易往来具有促进作用。因为商品成本降低，贸易量自然会得到提高。城市群的发展有赖于贸易流的发展，城市群的早期空间布局是由交通轴线引导。当城市群发展到一定规模时，完善的交通网络体系则成为引导城市群空间布局重要因素之一，体现在降低空间交易费用、缩短要素流动的时间成本、提高城市之间的经济运行效率。

例如，长三角城市群多层次、多核心的综合交通网络体系已经初具规模，公路、铁路、港口、航空各具特色。在公路和铁路方面，长三角城市群是我国铁路网密度较高的一个区域，国道以上等级公路网密度占到全国 1/4；港口方面，长三角城市群建立了一心（上海港）两翼（长江港、宁波—舟山港）的港口体系；在航空方面，长三角城市群建成我国分布最为密集的机场群，比如上海虹桥机场、杭州萧山机场。但需要注意的是，长三角城市群交通网络体系缺乏综合性规划，需要进一步协调不同的交通方式。因此，通过对城市群交通网络体系的优化，使各个城市之间的通达性有所提升，也只有进一步缩短通行时间，才能够提升城市群的紧凑度，进而提高城市群的运转效率。

（四）城市群的节点空间配置

城市群内各个城市之间的产业、交通联系情况，可以从城市节点空间配置布局出发。不同的节点配置得越合理，城市群的运行效率越高。合理的城市群规模结构对于城市群资源配置的效率、城市群整体功能的发挥状况、城市群要素流动的方向起到促进作用。①

① 程敏，陈辉．城市基础设施系统长效性评价研究 [J]. 工业技术经济，2012，（11）：84-88.

第五章　我国滨海湾区协调机制研究

区域协调发展是国民经济平稳、健康、高效运行的前提，对我国滨海湾区协调机制进行研究，有助于为区域经济协调发展相关问题的研究奠定基础。本章重点探讨我国区域开发与协调发展、区域经济协调发展的评价机制、长三角湾区发展协调机制与指标评价、粤港澳大湾区发展协调机制与指标评价，并对以上内容进行总结。

第一节　我国区域开发与协调发展

一、我国区域开发历程

在 20 世纪 50 年代，全国重点发展轴线主要是哈大铁路沿线，其次是京广铁路的北京—武汉段、陇海铁路的郑州—兰州段，156 项重点工程（实际施工的为 152 项）中，位于这 3 条重点发展轴线上有近 65 项，占总数的 42.8% 以上。20 世纪 60 年代，我国大规模进行“三线”建设（三线建设指的自 1964 年起，我国政府在中西部地区的 13 个省、自治区进行一场以战备为指导思想的大规模国防、科技、工业和交通基本设施建设），重点开发的轴线大多位于国家中西部，如宝成、成昆、襄渝、焦枝、贵昆等铁路沿线。

20世纪70年代前半期，我国继续实施“三线”建设，上述几条发展轴线仍是全国工业、交通建设的重点。此时，以工业点为主体的中小城镇开始形成，“点—轴”的效益开始有了部分显现。20世纪70年代中后期，我国引进国外大项目，这些项目大部分置于海岸地带和长江沿岸，靠近海水及淡水水源，其中部分企业利用水运，提高了企业的投资效果和运营效果。这些大型企业主要是火电厂、炼油厂、钢铁厂、石油化工厂的新建和扩建。1972年—1980年建成投产的10个大型炼油厂和4个扩建的炼油厂中，其中位于长江沿岸有8个，是我国国土开发和产业布局在总结以往经验教训基础上的重大进步。

1978 年后，我国生产力布局和区域经济开发基本上是按照点—轴开发战略模式逐步展开。以“中心地理论”等空间结构理论为基础，于 20 世纪 80 年代中期提出“点—轴系统”理论，在此理论基础上提出海岸地带和沿江地带作为我国国土开发和经济布局的战略重点（“T”字形结构）被写入《全国国土总体规划》，1987 年该规划开始试行。作为全国发展一级轴线的海岸地带和长江沿岸因而成为我国近 20 年间资金投入的重点地带、各类经济技术开发区发展的重点地带，也是设施优惠政策的“政策带”。在沿海岸带几十公里的范围内，成为沿海开放地带的主体，有 14 个开放城市和深圳、珠海、厦门、汕头和海南岛经济特区，集中了这一时期全国半数的重大项目。

2019 年 4 月，东莞市滨海湾新区管理委员会会同东莞市自然资源局组织编制完成《东莞市滨海湾新区城市总体规划（2018 年—2035 年）》（以下简称总体规划）草案。根据总体规划，滨海湾新区城市发展定位为新时代大湾区创新发展的新高地，同时滨海湾新区还将打造成粤港澳大湾区协同发展特色平台、珠三角核心区融合发展战略节点，以及滨海生态宜居智慧新城、东莞高质量发展新引擎等。同时，滨海湾新区将结合自身特点发展战略性新兴产业、培育高端制造业总部、加快发展现代服务业，以此打造科技创新现代产业体系。

二、我国区域开发有利于协调发展

以点—轴开发模式为例。当前，点—轴开发模式的应用对国家社会经济协调发展起到难以估量的作用，使我国综合国力增强。1978 年—1990 年，全国国民收入年平均增长 8.5%，而沿海地区为 11%；1981 年—1990 年，国家用于沿海地带大中型项目建设的资金占全国 47%，但沿海地带提供的国内生产总值却占到全国 58%；1990 年—1995 年，全国 GDP 年均增长 11.5%，其中沿海地区在 15% 以上。沿长江的安徽、江西、湖北、湖南等省的增长也超过全国平均水平。在“2019 年上半年城市 GDP 百强榜”中，前 20 城市经济总量达 16.16 万亿，全国贡献比高达 35.84%，较 2018 年同期提高 1.2 个百分点。然而，沿海城市经济增速趋缓，但 GDP 百强城市还是以东部地区为主，主要分布在山东（15 个）、江苏（13 个）、广东（11 个）、浙江（8 个）等省份。

长期以来，沿海地区的外贸出口值和利用外资均占全国 85% 以上，近年来产业结构调整及产业发展与国际融合取得显著成效；部分地区加强和培育了若干支柱产业，如汽车、通信设备、钢铁、石化、生物制药、计算机等。其中，电子工业已成为国民经济新的增长点，电器、集成电路、程控交换机等大幅度增长。部分产品越来越多地进入世界市场；沿海地带经济的高速增长、国际化程度的提高，是我国国民经济持续发展的基础和保障。

点—轴开发的贯彻实施，不仅使轴线地带的经济获得了高速发展，也使我国经济在整体上获得了高效增长。事实上，这种开发战略还密切了区域之间的经济联系。一般而言，区域经济联系需要以各种交通运输、通信方式为载体，换言之，交通运输是区际经济联系的主要途径。在区域开发中，轴线的建设提高了区域的可达性，降低了区域之间经济交往的成本，加深了区际经济联系。

第二节　区域经济协调发展的评价机制分析

一、区域经济协调发展的评价指标

区域经济协调发展应具备 4 个方面的标志，即区域之间经济联系日益密切、区域分工趋向合理、区域经济发展差距保持在一定“度”内，且逐步缩小，以及区域经济整体高效增长。由于区域经济协调发展有程度之分，区域经济联系越密切、区域分工越合理、区域经济发展的差距程度越小（前提是保持在一定的“度”内）以及区域经济整体发展速度越高，区域经济发展的协调程度也越高。据此，区域经济协调发展的评价可以采用的指标，即区域经济一体化是不同的空间经济主体之间为了生产、消费、贸易等利益的获取而产生的市场一体化过程，包括从产品市场、生产要素（劳动力、资本、技术、信息等）市场到经济政策统一逐步演化。之所以将区域一体化程度作为评价区域经济协调发展的指标，是基于以下理由。

（一）深化区域联系

区域经济一体化为深化区域联系创造了条件，区域经济一体化程度越高，区域之间的经济联系相对越密切。根据系统理论的联系性原理，在一个大系统下的两个子系统必定是相互作用、相互影响；反之，两者不可能从属于同一个大系统。从另一个角度而言，两个系统互为对方的外部环境，一定的环境是系统得以存在、发展与功能发挥的重要保证。然而，由于人是系统的主宰力量，即使是两个地理上邻近的区域系统，也可能因为人为阻隔而丧失联系或导致联系弱化，而区域经济一体化本身意味着区域之间的相互开放，为密切区域间的经济联系提供了保障。

此外，区域经济联系指相关区域之间在商品、劳务、资金、技术和信息方面的交流，以及在此基础上发生的关联性和参与性的经济行为。区域经济一体化程度越高，意味着区域之间经济联系的渠道越畅通，各种要素和商品流动的阻力越小，这样，区域间的经济联系会越紧密，互动性也会越强。区域经济一体化过程中对区域间贸易壁垒的破除，必然会促进区域分工，而区域分工又会大大增加区域间的相互依存度，从而使区域间的经济联系更加紧密。

（二）促进区域分工的合理化

区域经济一体化能够促进区域分工的合理化，区域经济一体化程度为人们提供一种判断区域分工是否合理及合理程度的简便工具。

区域经济一体化的过程是形成区域间合理分工体系的过程。在区域经济一体化条件下，区域之间取消各种歧视性政策障碍，促进商品和生产要素的自由流动，使得生产要素向具有区位优势和比较优势的区域集聚，促进区域分工。随着各种要素与商品在区域间流动的自由度提高，必然会加快区域间的产业转移，减少产业同构现象，从而有利于形成合理的分工体系。此外，贸易壁垒的削弱或消除，扩大了市场规模，有利于形成基于规模经济的报酬递增的区域分工；区域经济一体化还包括各个区域通过一定手段和方式，主动解决区域间经济发展中的矛盾而做出的努力（制度一体化）。所以，一体化的过程始终包含着区域间的相互合作。因此，区域经济一体化的程度越高，意味着区域间经济分工和合作的程度越深，区域之间经济发展的协调程度也越高。

区域分工是否合理以及合理的程度是由市场决定的。换言之，只要要素能在区域之间自由流动，在市场机制作用下，区域必然会倾向于按比较优势进行分工。因此，区域经济一体化程度越高，区域分工越合理。

（三）由我国现阶段国情决定

把区域经济一体化作为评价区域经济协调发展评价的标准之一，在我国还具有重要的特殊意义。众所周知，与完全的市场化国家或地区不同，我国还处在经济发展的转型期，全国统一的大市场尚未建立，还存在“行政区经济”，不仅省域之间出现市场分割现象，即使是在省域内部的不同区域之间，各种要素也不能自由流动，这种状况无疑对区际关系产生了种种不利影响。从这个意义上讲，把区域经济一体化程度作为区域经济协调发展评价的主要指标，是由我国现阶段的国情决定。换言之，在完全市场化国家内部，如果开展区域经济协调发展评价工作，无须考虑区域经济一体化程度这个指标。

二、区域经济协调发展的评价标准

区域经济协调发展评价的 3 项指标，即区域经济一体化程度（以区域市场一体化衡量）、区域经济发展差距程度（在警戒线内）与区域经济整体发展速度，分别为 E_I、E_D 与 E_V。由于三者具有等同重要程度，无论忽视哪一项都会对整体造成严重的不协调，据此得出区域经济协调发展评价的数学模型：

$$M=\left\{E_I \cdot E_D' \cdot E_V\right\}^{1/3} \quad (5\text{-}1)$$

在 5–1 式中，M 为协调度，E_I 为区域经济一体化程度；E_D' 与 E_D 为（区域经济发展差距程度）的逆指标；E_V 为区域经济整体发展速度。

科学评价区域经济发展是否协调，不能仅以“是”或“不是”做出结论。区域经济协调发展具有相对性，即协调或协调程度并没有绝对标准，“协调”总是相对于“不协调”而言。与此同时，协调又存在程度的差异性，即层次性。如果将协调度的量度用 [0，1] 之间的数字表示，那么协调度为 1，代表完全协调，或者称为和谐；协调度为 0，代表完全不协调；协调度处于 0 和 1 之间，则代表部分协调，具体见表 5–1（表中数字为 M 值）。

表 5–1 区域经济协调发展评价标准

标准与评价	具体指标						
协调度标准	0 ~ 0.29	0.30 ~ 0.39	0.40 ~ 0.49	0.50 ~ 0.59	0.60 ~ 0.69	0.70 ~ 0.79	0.80 ~ 1.00
协调度评价	不协调	比较协调	弱协调	初级协调	中级协调	良好协调	高级协调

需要注意的是，由于区域发展差距“度”（警戒线）的限制作用，只要基尼系数超出警戒线，即用人均 GDP 衡量时取 0.45；用人均收入衡量时取 0.40。不管协调度是多少，区域经济发展均为不协调。

第三节　长三角湾区发展协调机制与指标评价

一、长三角湾区发展协调机制

（一）长三角湾区的府际协同治理机制

1. 府际协同治理机制的组成

考虑到长三角湾区的发展历史和当前状况，研究人员经过多次会议后，长三角湾区的各个城市终于达成共识，建立了“三级运作，统分结合”的府际协同机制。这种府际协同机制的核心是决策层、基石是法律制度，以政府政策协调为导向，呈网状化，由三个层级组成，即决策层、协调层、执行层。

2. 府际协同治理机制的特性

治理层次更加科学。在长三角湾区府际协同治理机制框架中，“三级运作、统分结合”的科层性是其显著特点，也就是决策层、协调层、执行层，这三个层级在协同治理活动中统分结合、有机互动。

第一，决策层。在原有的“两省一市（两省指浙江省和江苏省；一市指上海市）主要领导座谈会”基础上，决策层形成“两省一市主要领导峰会”（以下简称“峰会”）制度。“峰会”的组成成员是两省一市的党委书记、省（市）长、常务副省（市）长、党委和政府秘书长；“峰会”的功能是审议、决定、决策与长三角湾区发展相关的重大事项。“峰会”是长三角地区各级政府最高层次的联合协调机制，通过这一机制对中央政策进行落实、对区域合作政策进行审议、对重大项目进行布局。

第二，协调层。在原有的“沪苏浙经济合作与发展座谈会”基础上，协调层形成“长三角协调发展联席会议制度”（以下简称“联席会议”）。“联席会议”是由“长三角协调发展联席会议”“长三角协调发展联席会议办公室”“专家委员会”共同组成。在“峰会”领导下，“联席会议”对决策层作出重要决策并加以部署与落实，同时听取执行层的工作汇报，为其解决和反映工作中遇到的问题，明确工作落实的主体，对区域合作进行有序推动。

第三，执行层。在“峰会”和“联席会议”领导和指导下，执行层建立合作专题协调推进制度，落实并推进合作专题。专题组和城市组一同构成执行层。为了落实具体的治理事项，专题组因此被设立。专题组并不是一成不变的，而是随着协同治理的需要进行动态调整。两省一市及其相关区、县（市）的职能部门、相关领域的专家、行业协会的负责人等都是专题组的组成成员。专题组涉及 14 个领域，如能源、科技创新、金融、环保、政策法规。为了充分表达长三角各个城市的诉求，贯彻并落实“峰会”和“联席会议”精神，协调区域内地区之间的合作，对处在不同区域的企业和社会中介组织跨区域活动加以指导和协助，专题组形成“以专题带动合作，以合作促进发展”的良性模式。

城市组（长三角城市经济协调会）是在长三角 16 个城市经济协调会基础上成立的，最初是由浙江、江苏两省的地级市和上海组成，后来长三角地区合作的范围不断扩大，只要是有意愿，任何一座城市都可以加入。针对“峰会”和“联席会议”所确定的事项，城市组要负责具体的推进工作，提出建议和措施解决合作中出现的重难点问题，在相关城市开展试点工作。此外，城市组还要按照成员城市的需求，促进长三角湾区各城市之间，城市与区域之间的双边或多边合作，使各项协议落实到位。在配合长三角办公室工作的同时，城市组建立试点推行制度，就某个专题在部分城市进行试点，通过示范推进各项专题合作。

总之，科层性使得区域府际协同治理呈现双边和多边多层级协调模式，行政协调更具灵活性，与长三角湾区府际协调的复杂性相适应。具体而言，长三角湾区展开的区域合作与协调不仅有各省之间，也有省市之间，更有跨省、跨市、跨地区。实际上，这种区域内部的协调与合作具有多个层次，可能是双边的，也可能是多边的，是一种多层次的多边和双边协调共存的协调机制。

治理内容更具广泛性。从最初的经济领域合作，逐渐扩展到社会、文化、生活等方面，长三角湾区府际协同治理的深度和广度都在不断扩展。特别是在基础设施、产业对接、市场监管上取得了阶段性成果。长三角湾区的各个城市为了推进一体化进程，相继在城市规划、生态环境、交通物流、科技人才、旅游市场、道路运输、工商质监、公共服务、信用体系等方面签署了政府文件，其中包括：《长三角现代服务业合作与发展协议》《长三角区域环境合作倡议书》《关于进一步推进沪浙经济合作发展的协议书》《长三角科技合作三年行动计划》《长江三角洲旅游城市合作宣言》《信用体系建设区域合作推进方案》。由于这些政府文件涵盖了诸多领域，所以在法律法规方面保障了长三角湾区各城市之间的政策协作。

为了保障长三角湾区一体化的推进与落实，区域内的各省（市）设立了工作小组，专门负责合作事项。例如，为了推进人才合作项目的实施，在省、市、区、县四级政府，以及不同的行业之间展开合作，形成辐射整个区域的人才开发和服务体系。在进一步深化港口之间的合作方面，上海、南京、南通、宁波四市的港口管理部门共同牵头，设立四个工作小组，即港口规划与建设小组、港口市场与监管工作小组、港口安全和环保小组、港口信息与培训小组，与此同时，开通并建设长三角港口信息网。

在环保合作方面，考虑到经济发展和环保合作之间的协调发展，长三角湾区正在研究生态补偿机制，针对总体框架、补偿责任主体、补偿标准、补偿方式、补偿途径五个方面展开合作，并提出切实可行的操作意见。在行政执法方面，长三角湾区在公安、工商、交通、人事、技监等部门之间开展跨城际、跨区域的协同执法，并且已经开展了一系列实践工作。

治理过程的复杂性愈加明显。由于跨越不同的行政边界、行政部门、领域，长三角湾区政际协同治理表现出明显的复杂性。

第一，协调类别多。从协调的对象来看，可以将长三角湾区府际协同治理机制按照类别，分为政策协调、规章协调、地方立法协调、执法协调。以规章协调为例，作为长三角湾区府际协同治理走向法制化、规范化的重要内容——规章协调是区域府际协同治理的主要特点。要建立完善而有效的区域府际规章立法协调机制，把握好规章立法的定位是关键。按照《中华人民共和国立法法》（以下简称《立法法》），地方省级人民政府、各省（自治区）的省会城市人民政府和较大市人民政府所制定的地方政府规章都属于地方性规章，而长三角区域的浙江、江苏两省和上海市人民政府一同制定的区域行政立法属于府际决策合作，并不在《立法法》明确规定中。就当前情况而言，如何变通地进行区域行政立法、突出立法过程中的协同关系、以什么样的方式发布等诸如此类的问题，使得治理过程具有复杂性。

第二，协调程序环节多。协调程序通常包括的环节有表达治理事项诉求，起草、会商、决策、执行实施方案，以及对实施方案的跟踪评估和效果反馈。同时，每个环节又有不同的主体。

第三，协商方式多样性。协商方式可以通过多种机制平衡协调，具体包括定期会晤沟通机制、信息资源共享和动态跟踪机制、异地联动执法机制、突发事件应急联动机制。[①]

（二）长三角湾区的产业协同发展机制

战略性新兴产业正在长三角湾区如火如荼地进行，区域内的各个城市针对自身特点，秉持区域协同发展理念，确定重点的发展战略性新兴产业，发挥比较优势，实现错位竞争。当前，长三角湾区各个城市的战略新兴产业分工格局已经基本形成，在总体协同发展上取得了很大进展，突出表现在以下几个方面。

1. 不断拓宽的合作领域

当前，长三角湾区为了聚集高端生产要素，增强综合服务功能，提高战略性新兴产业的创新能力和竞争力，实现跨越式发展，区域内的各个城市不断拓宽合作领域，协同发展，在融合、升级、创新发展战略性新兴产业方面做出了一定成效，不断孕育培养新的合作项目。

长三角绿色制药协同创新中心是上海与浙江多所高校以及研究机构一起创建。这个创新中心是基于长三角湾区生物医药产业的关键、核心、共性技术而创建的区域协同发展体系。为了制定区域性的行业标准，长三角科学仪器产业技术创新战略联盟在各省科技部门的推动下建立起来。该战略联盟的成立为长三角湾区产业的技术升级保驾护航，在标准化基础上达到规范化、产业化，为进军国际市场铺平道路。

长三角嵌入式系统与软件产业联盟，是在长三角湾区生产嵌入式系统企业共同努力下建立起来的区域性产业联盟。通过建立联盟，长三角湾区在数字电视、现代交通等应用领域的嵌入式技术与产业得到长足发展。

2. 初具规模的跨区域产业集聚

长三角湾区借助跨区域产业协作，已初步形成功能互补的产业集群。以新一代信息技术产业为例进行阐述。

由沪杭甬电子信息产业带和沪宁电子信息产业带共同组成一个字母 Z 形的产业集聚区。不同的城市在该产业集聚区里分工不同。上海、南京、杭州、宁波、无锡五个城市扮演着研发设计和生产中心的角色，镇江、常州、嘉兴、湖州、绍兴、台州六座城市是主要的生产基地，而温州、扬州、金华、南通等城市正积极地加入 Z 形的产业集聚区。除了新一代信息技术产业外，长三角湾区的高端装备

① 范少帅 . 城市群府际联席会机制的运行及其优化策略研究 [D]. 湘潭：湘潭大学，2019：20–35.

制造业也初具规模。区域内沿湖、沿江、沿海建立起三大汽车零部件产业带：上海崇明、南通、舟山形成海洋工程装备基地，上海、南京、杭州、宁波、苏州、无锡、徐州、台州则形成装备制造基地。在上海、南京、杭州、宁波、台州、盐城的共同努力下，轿车研发生产基地被建立起来；苏州、常州、扬州、金华建立了客车生产基地；轨道交通产业基地则由上海、南京、常州组建而成。

在生物产业发展方面，上海建成生物及新型医药研发与生产中心以后，长三角湾区形成了三大国家生物产业基地，分别位于上海、杭州和泰州。无锡也建成了"太湖药谷"，一些中医药、化学原料药和生物医药研发生产基地也在苏州、连云港、湖州、金华等城市被建立起立。此外，一些城市或地区，如上海临港、盐城、宁波、舟山，纷纷建立了海洋生物产业基。这些基地的建立，在长三角湾区内形成了生物医药产业集聚。

随着产业转移、承接、分工变化，长三角湾区内的各类产业集聚区正在慢慢形成，规模也越来越大。[①]

（三）长三角湾区的环境治理协同发展机制

随着经济发展，越来越多的人口向长三角湾区聚集，在一定程度上促进了区域内城市的扩张，也给环境造成巨大压力。长三角湾区的环境污染问题引起各个城市政府的高度重视，各个城市政府在十几年中携手同行，经过无数次协商与磨合，签订了一系列区域环境合作协议，在不断深化合作领域与合作层面的同时，形成长三角湾区环境治理协同发展机制。

1. 环境治理协同发展机制的形成

21 世纪，随着我国经济社会的高速发展，环境污染问题也越来越突出，呈现出区域性特点。对此，要把区域环境治理好，只有建立协同机制才是唯一的出路。在 2002 年 4 月，第二次沪苏浙经济合作与发展座谈会在扬州举行，与会专家在会上提出了建设"绿色长江三角洲"这一概念。他们把环境作为优化长三角区域发展的突破口，使生产要素能够自由地流动，从而加速区域经济融合，提升区域的国际竞争力。2003 年，在中科院南京土壤所、浙江大学、上海市农科院合作基础上，沪苏浙两省一市建立了"长江三角洲地区环境安全与生态修复研究中心"。2004 年，杭州举办了"区域环境合作高层国际论坛"，来自全球数百

① 熊健，孙娟，王世营，等．长三角区域规划协同的上海实践与思考 [J]. 城市规划学刊，2019，（1）：50–59.

位专家学者在论坛上，针对跨界环境污染的根本原因展开专题讨论。基于长三角区域良好的经济发展势头和带动作用，与会专家学者希望长三角区域能够打破行政边界，通过加强城市间的合作，共同治理环境，打造一个绿色的长三角。同时，论坛通过了《长江三角洲区域环境合作倡议书》。

2. 环境治理协同发展机制的落实

为了更好地发挥长三角区域联动的优势，提升区域内的整体环境，沪苏浙两省一市在 2008 年签订了《长江三角洲地区环境保护工作合作协议（2008–2010 年）（以下简称《协议》）》，明确从 2009 年开始，在多个领域，长三角地区的各个城市将采取统一行动，在协同治理区域环境污染的同时，逐渐制定统一的企业排污费征收标准，并收取统一的污水处理费，在总量上控制二氧化硫的排放。通过签订《协议》，长三角湾区环境保护一体化的序幕正式拉起。2009 年，长三角地区环境保护合作第一次联席会议在上海举行。会上就 2009 年沪苏浙两省一市的环保工作作出具体部署，标志着长三角湾区环境协同治理实施阶段的开启。

3. 环境治理协同发展机制的深度合作

2013 年冬天，长三角湾区遭受了雾霾天气影响，特别是江浙沪皖，接连几日都是重度污染天气，很多城市都发布了雾霾橙色预警。2014 年 1 月，长三角区域大气污染防治协作机制第一次工作会议在上海举行。这次会议是由浙江省、江苏省、安徽省、上海市共同提出举办的，参会人员除了上述省市的省长和市长外，环境保护部部长也参与了此次会议。本次会议针对长三角湾区大气污染防治所面临的急切问题，不仅部署和协调了各省（市）的具体工作，同时在 10 个方面提出了联合行动方案。这次会议的召开标志着从国家层面展开的长三角湾区大气污染防治协作机制的建立。经过努力，长三角湾区的空气质量发生了明显变化，空气质量不断提升、雾霾天数不断下降。

尽管在空气治理上有了显著成效，但是水污染仍是一个亟待解决的难题。从 2016 年《上海蓝皮书》中可以看到，长三角湾区水污染较为严重，特别是太湖流域的富营养化问题。因此，长三角湾区除了要协同治理大气污染以外，还要携起手共同治理水污染。在这样的背景下，长三角区域大气污染防治协作机制第四次工作会议暨长三角水污染防治协作机制第一次工作会议于 2016 年 12 月在杭州举行。无论是合作主体，还是合作内容，又或是合作的深度与广度，长三角湾区的环境协同治理机制正日渐完善，不断提升。

当前，我国环境空气质量持续改善，细颗粒物（PM2.5）浓度大幅下降，但环境空气质量改善成效还不稳固。长三角地区秋冬季期间大气环境形势依然严峻，PM2.5 平均浓度是其他季节的 1.8 倍。2018 年—2019 年秋冬季，长三角地区 10 个城市未完成 PM2.5 浓度下降目标，其中 5 个城市同比不降反升，PM2.5 浓度“北高南低”的空间分布特征依然明显。因此，长三角湾区的生态环境协作机制还应继续加强，不断完善。①

二、长三角湾区指标评价

下面以长三角湾区经济协同发展能力为例，阐述其指标评价。

（一）优势产业发展指标评价

1. 三次产业的区位商

产业结构同经济发展有着密切关系。当前，我国处于经济换挡减速时期，由于过去只注重经济增长的速度，而没有注重经济增长的质量，产业结构不合理的问题一直没有得到很好解决。对此，只有优化并升级产业结构，才能走出一条具有中国特色的新型城镇化和工业化道路。所以，应该形成以战略性新兴产业为先导、以制造业为支撑、服务业全面发展的产业格局。一般情况下，会使用区位商对某一产业能否形成区域优势产业进行评判。如果区位商大于 1，则说明某一产业在这一区域是优势产业，并且区位商越大，其优势越明显，也就更专业；如果区位商小于或等于 1，则说明某一产业属于自给性部门，没有特别明显的优势，在竞争中处于劣势。

通过对长三角湾区随机单一城市某一产业就业人数和这个城市所有就业人数之比，同长三角湾区 26 个城市这一产业就业人数和湾区内所有就业人数之比所得的商，作为衡量城市优势产业结构的依据，其计算公式为：

$$LQ_{ij}=\frac{L_{ij}/L_i}{L_j/L} \qquad (5\text{-}2)$$

在这个公式里，LQ_{ij} 是 i 城市 j 产业的区位商（给取值 1 到 3）；L_{ij} 是 i 城市 j 产业就业人数；L_i 是 i 城市全部的就业人数；L_j 是长三角湾区 j 产业就业人数；L 是长三角湾区所有就业人数。

① 魏勇强，张振宇．长三角城市群协同发展机制研究 [J]. 现代管理科学，2019，（3）：21-23.

2. 产业结构的相似程度

产业结构趋同指每个地区在产业结构发展过程中表现出来的具有共同特征的相似倾向，或者不断出现和增强的高度相似趋势。为了能够清晰地反映出长三角湾区第三次产业结构相似程度，可以采用产业结构相似系数，其计算公式为：

$$\rho=\frac{\sum_{k=1}^{n} x_{ik} x_{ij}}{\sum_{k=1}^{n} x_{ik}^{2} \sum_{k=1}^{n} x_{jk}^{2}} \qquad (5\text{-}3)$$

在这个公式中：ρ 是两个地区产业结构相似系数；x_{ik} 是 i 地区产业占的比重，x_{ij} 是 j 地区产业占的比重（给 k 三个取值，即 1，2，3）。如果 ρ 等于 1，说明这两个地区的产业结构是一样的；如果 ρ 等于 0，说明这两个地区的产业结构不一样。

（二）经济联系强度指标评价

通常，一个区域经济发展的整体情况受到区域内各个城市之间经济联系的强度和方向影响。下面，采用经济联系强度模型测算长三角湾区内各个城市的联系强度，分析 5 座中心城市，即上海、南京、苏州、杭州、合肥之间的经济联系，其计算公式为：

$$R_{ij}=\frac{\sqrt{P_i G_i} \times \sqrt{P_j G_j}}{D_{ij}^{2}} \qquad (5\text{-}4)$$

在这个公式中，R_{ij} 是 i、j 两座城市空间经济联系强度；P_i 和 P_j 是两个城市的常住人口；G_i 和 G_j 是两个城市的地区生产总值；D_{ij} 是两个城市的公路里程。从计算结果能够得出这样一个结论：当一个城市与中心城市的距离越近，且经济发展水平比较高、人口规模比较大时，各个城市政府同中心城市的经济联系强度也越大，空间分布上也更加集中。[①]

① 魏勇强，张振宇 . 长三角城市群协同发展机制研究 [J]. 现代管理科学，2019，（3）：21−23.

第四节　粤港澳大湾区发展协调机制与指标评价

一、粤港澳大湾区发展协调机制

（一）粤港澳大湾区的府际协同机制

下面以粤港澳大湾区府际协同机制的不断改进和深入为例进行探讨。

1. 单一中心功能性结合

1978 年之后，市场经济是驱动粤港澳三地之间开展产业合作的直接动力，从而实现三地之间的功能性整合与优势互补。从珠三角地区来看，深圳和珠海成为经济特区之后，贸易和投资的自主权更加灵活。从香港和澳门来看，两地面临着产业升级和土地空间不足等现实问题，特别是一些香港企业需要向劳动力和土地价格更加低廉的珠三角地区进行转移。因此，地处珠三角地区东岸的深圳、东莞、惠州等城市承接了大部分从香港转移出来的加工工业，而西岸的珠海、中山、江门在承接从香港转移出来的加工工业，实现了与澳门产业协同的同时，还利用国有工业基础较好的优势，发展乡镇经济和个体经济。这样，珠三角地区形成了“前店后厂”的分工模式。这一阶段，珠三角地区经济发展的引擎是香港，高度外向型的经济模式是区域内各城市经济发展的共同特点，在经济上产生关联，以香港为中心点的区域经济合作伙伴关系就此形成。因此，1978 年—1993 年市场经济的交易关系模式，其实是以香港为单一中心的功能性结合，从而带动周边沿海城市的发展。

2. 多元主体结构性调整

受益于“放权让利”改革的影响，珠三角区域的各地方政府无论是在财政方面还是在行政方面，都有较之以往更大的自主权，产业结构也随之调整。广东省在 1993 年拉起“撤县改市”序幕，在一定程度上减轻了行政束缚，并在地区规划、土地使用、招商引资上给予这些新增县级市一定的优惠政策。

分税制改革将财政压力下放到地方政府，为了扩大财政，地方政府引进了更多的资源，以加强基础设施建设并展开一系列招商引资工作。区域经济一体化进程的不断加快，使得香港服务业渗透到珠三角区域内的每个城市，慢慢地，曾经盛行的“前店后厂”合作模式开始转变。深圳发展势头迅猛，在生产性服务业（比如金融、物流）方面，取代部分香港“店”的功能。“后厂”扩展到内地，“后店”则表现出本地化特点，“后店后厂”的合作模式在珠三角区域慢慢形成。

这一阶段，珠三角区域的粤港澳三地处于“普遍繁荣、分散决策、全面竞争”的关系，多极化“拼图式”格局业已形成。多元竞争主体的出现推动了区域经济的发展，其实质是地方政府之间话语权的转化，多点驱动发展的雏形初步形成。

3. 地方主导制度性合作

为了使珠三角区域内的竞争不再升级，区域内协调和沟通的制度性合作亟待建立健全。经过多年改革，从整体上看，珠三角地区形成了一个完整的市场，工业化和城镇化率不断提高，但是受到行政壁垒的限制，地区发展不协调、整体实力有待提升等问题越发明显，而“撤县（市）设区”这一项行政改革的实施，很好地缓解了珠三角区域的市场分割和地方政府之间的竞争。“撤县设市”通过增加行政主体，既促进了经济的发展，又提高了地方的竞争力；上级政府推行“撤县（市）设区”，其目的是通过改变行政区划，实现资源的优化配置和权力的集中。

为了实现制度性合作，使区域协调发展常态化，地方政府制订了一系列区域规划。例如，《珠江三角洲城镇群协调发展规划》《粤港合作框架协议》《粤澳合作框架协议》等签订。从整体上构建区域产业链，加强城市的分工与合作，并且将合作领域由经济扩展到民生、基建、科教等。这一阶段，珠三角区域内三地的合作机制体是建立在框架协议下的制度性合作，通过协调对话的方式，强化区域内政府之间的协作共治。但是，出于自身利益的考量，这种模式的合作仍有不足之处。

4. 国家战略嵌入性推动

国家战略使制度性工具供给力度得到强化，能够有效引导和约束地方政府之间的竞争，使竞争向着良性的方向发展。在一系列区域协议框架积累起来的经验基础上，区域合作在一些领域取得了成效。就理论而言，地方政府通过主动创新探索出来的协议协商方式是有其必要性的，但实施起来还有一定的落差。由于受到层级的限制，地方政府之间制度性合作无法彻底解决很多根源性问题。因此，需要从国家层面构建区域政策共同体，从而理顺地方政府之间的关系。充分发挥国家在审批、指导等方面的全局功能，更具权威性地指挥和协调区域内的集体行动，突出统筹协调和监督约束的重要性，进而推动地方政府之间务实有效的合作，从整体上提升区域合作绩效。基于此，国家战略则应该在突出区域治理制度的整体性上多做文章，为区域治理提供制度和法理依据。①

（二）粤港澳大湾区的产业协同发展机制

1. 产业协同发展的现状

就当前经济发展水平来看，粤港澳大湾区（9 个城市 +2 个特别行政区）可以分为三个梯队：深圳、广州、香港处于第一梯队；东莞、佛山处于第二梯队；珠海、澳门、中山、江门、惠州、肇庆处于第三梯队。

经济发展还不均衡。从国家统计局发布的数据来看，粤港澳地区各城市 2018 年的经济总量有着较大差距，肇庆的经济总量甚至不及深圳的 1/10。在人均 GDP 方面，澳门以人均 53.3 万元位列第一，而肇庆和江门的人均 GDP 却不到 6 万元。香港、深圳、广州、佛山、中山、珠海 6 座城市的人均 GDP 达到 10 万元以上。

各城市产业结构状况不同。粤港澳大湾区的每座城市都有自身独特的定位。将自身定位为全国科技创新中心的深圳，其 2018 年前 11 个月的高技术制造业增加值达到 5340.57 亿元，同比增长 13.4%，占到全市 GDP 总量的 50% 以上。深圳的研发投入占 GDP 的比重达到 4.1%，涌现出华为、大疆创新这样具有世界领先技术的高科技公司；香港与澳门则大力发展第三产业，其比重占到 GDP 的 90% 以上；广州和深圳近些年大力发展第三产业，其在 GDP 中的比例分别达到 79.2% 和 58.6%。可以说，这两个城市已经进入后工业化时代。第二产业和第三产业之间的比重并不很大的东莞和珠海，则正在由工业化后期向后工业化阶段迈进。此外，第二产业超过 50% 的城市还有佛山、惠州和中山，肇庆的第一产业占比较高，达到 15.5%。

2. 产业群的协同发展

一直以来，国家和粤港澳地方政府对于粤港澳地区的产业合作与发展十分重视，陆续出台了一系列相关政策，其目的是支持粤港澳地区的产业转型和升级，促使粤港澳地区产业群协同发展。根据粤港澳地区各城市定位，未来，香港将形成金融中心和现代服务业中心区，澳门将形成世界级的旅游休闲中心区，珠三角地区将形成现代产业核心区，广东省内东西两翼和山区产业转移区。

凭借在制度、资金、技术等方面的优势，香港将责无旁贷地继续扮演粤港澳

① 朱宏伟，王琪．粤港澳大湾区协同机制建设研究 [J]. 经济研究导刊，2019，（25）：57–59.

地区金融中心和服务业中心的角色，将相关服务提供给其他地区；澳门将大力发展旅游业，进一步打造国际旅游休闲中心。同时，与珠江西岸城市，比如珠海，一起发展现代休闲旅游服务业。作为珠江三角洲三大中心城市——广州、深圳、珠海，将与周边城市形成三大经济圈，即广佛肇经济圈、深莞惠广佛肇经济圈、珠中江经济圈。

发展现代服务业和以装备制造为重点的先进制造业，是广佛肇经济圈所要打造的产业群；现代服务业、创新型产业和以新型战略产业为核心的装备制造业，是深莞惠经济圈全力推进的产业群；打造以重大成套装备为核心的先进制造业及相关的现代服务业，并依托澳门发展区域休闲旅游业，是珠中江经济圈重点布局的产业群。

香港制造业空心化、产业竞争力减弱等问题，是香港特别行政区所要面对的，这些问题需要尽快进行整合改变。金融和商业服务业依旧是未来一段时期香港产业发展的核心。为此，香港需要加快港口和机场建设，大力发展航空和航运业，使其成为地区物流枢纽和东亚地区的进出口贸易中心；继续发展旅游业，升级、改造旅游设，巩固其重要的世界旅游目的地的地位。

由于澳门特别行政区的土地资源很有限，无法承载很多产业，因此，澳门可以根据自身特点，发展以博彩、旅游业为主体，以会展、文化创意产业为辅的“1+1”特色产业。澳门特别行政区 50% 的地区生产总值和近 70% 的财政收入都来自博彩业，澳门博彩业在未来仍是澳门特别行政区的主体产业，同时发展旅游业，延伸配套服务。

广州是广佛肇经济圈的中心城市，优化提升是其发展的主要方向，聚集高端生产要素、引领先进文化、带动科技创新、提高综合服务能力，全面发展服务经济。广州将产业发展领域锁定在先进制造业和现代服务业。为建设国际商贸中心，广州将发展的重点放在金融服务、信息服务、商务会展、总部经济以及创意产业等现代服务业上。通过发展高新技术产业和先进制造业，使产业发展能级提升的同时，带动周边地区发展。

作为广佛都市圈的重要组成部分之一，佛山把现代化装备制造业和建设区域生产服务和物流中心作为发展重点。肇庆则把高新技术产业，比如生物工程、电子信息、机械仪表，作为重点发展的产业集群。众所周知，肇庆是广东省商品粮基地和农副产品加工基地，建设现代化农业具有比较优势。肇庆还有着丰富的旅游资源，也是全国历史文化名城，因此，以此为基础发展旅游休闲业。

深圳是深莞惠经济圈的中心城市，主要发展方向是优化提升。作为国家创新型城市，深圳需要对周边城市起到辐射和带动作用。通过建设国家战略性新兴产业基地，深圳着力打造高新技术产业和文化创意产业。建设前海深港现代服务业合作区，大力发展现代生产性服务业，使深圳成为亚太地区重要的生产性服务业中心。在现有产业体系下，借助科技优势，重点发展高新技术产业和先进制造业。现代物流业方面，深圳则重点建设货运和客运枢纽，进一步提升综合服务功能。

东莞将建设成区域性商贸流通中心和全国现代制造业中心作为发展方向。战略性新兴产业、高新技术产业、现代服务业是东莞发展的重点。不断整合资源，同时依托虎门港、广深、京九等铁路枢纽，建设区域性综合型加工业物流基地，大力发展石油化工储运业和物流业。作为区域内的石化产业基地、电子信息产业基地、旅游休闲度假基地、辐射粤东和赣南、闽西地区的物流中心和交通枢纽，惠州将休闲旅游业和电子产品制造业作为发展重点，着力建设区域物流中心和石化产业基地。

珠海是珠中江经济圈的中心城市，在发挥区位优势的同时，珠海同澳门一起建设国际休闲旅游产业带，将高新技术产业、休闲娱乐业、新型服务业作为产业发展的重点领域。珠海凭借高栏港经济技术开发区，大力发展化工、能源、临港加工、装备制造、现代港口物流业。以珠海机场为中心，推动航空制造、航空物流、航空服务产业的发展；将横琴新区打造成连接港澳的现代服务业平台、文化产业及创意中心、科技创新和产业升级先行区。

中山是我国沿海产业带先进制造业基地与珠三角西岸重要的服务业基地，在进行产业创新升级的同时，把临海装备制造业和高新技术产业作为发展重点，依托临港工业区，打造临海装备制造业基地，在现有专业镇的基础上，全力发展产业集群升级创新示范基地。先进制造业、高新技术产业、对外贸易是江门这座沿海港口城市的主导产业。因此，发展先进制造业和海洋经济是江门发展的主要方向。①

其他地区的协同发展。汕头、潮州、揭阳、汕尾。汕头、潮州、揭阳、汕尾四个城市地处广东省东翼，由于其地理优势，成为珠三角产业转移的重要地区，

① 胡昌送，张俊平．粤港澳大湾区交通高等教育协同发展的机制与路径研究 [J]. 广东交通职业技术学院学报，2019，18（4）：81-85.

其协同发展具体见表 5–2。

表 5–2 广东省东翼城市协同发展

汕头	汕头同深圳和珠海一样，是第一批国家级经济特区。作为东南沿海重要的工业、贸易、经济中心，汕头将是粤东重要的临港工业、现代服务业、效益农业基地。汕头将发展高新技术产业、装备制造业、物流业、海洋产业、生态效益农业、生态旅游业作为重点。
潮州	潮州是广东省重要的临港产业集聚区，也是瓷工业基地。潮州将改造升级传统产业，大力发展高新技术产业，建设日用陶和临港工业基地。
揭阳	揭阳是重要的区域性枢纽城市，与沿海、粤北、赣南、闽西南腹地相连接，是制造业中心和能源石化中心。能源产业、石化产业将是揭阳发展的重点，同时将打造现代服务业基地和综合性制造业基地。
汕尾	依托汕尾新港，汕尾将发挥国家级海洋渔业基地，广东省重要的电力、电子信息产业基地优势，在港口物流、滨海旅游、临港工业、海洋产业四方面全力出击，同时借助周边制造业专业镇，促进加工制造业和特色产业群的发展。

阳江、茂名、湛江。地处广东省西翼的三座城市——阳江、茂名、湛江，由于与南海相邻，有着众多港口，可以发展外向型加工制造业，以承接从珠三角地区转移出来的产业，并且这一地区有着丰富的平原，为现代化农业发展提供了有利条件。阳江、茂名、湛江协同发展具体见表 5–3。

表 5–3 广东省西翼城市协同发展

阳江	阳江在生态旅游休闲和海洋旅游方面发展得比较快，电子、装备制造、石化等临港工业和能源产业发展得也很好，特别是新能源方面，比如风电、海洋能源。
茂名	现代化农业和能源产业是茂名发展的重点产业，将自身打造成全国重要的石化工业基地、广东省重要的电力工业基地、能源物流中转基地，以南亚热带水果为特色的广东省重要农业生产基地是茂名的发展方向。
湛江	湛江是全国重要的石化、钢铁等临港工业基地、区域性的物流基地、我国热带农产品和水产品的生产、加工基地，石化、钢铁、物流、现代农业、新能源等产业是其发展重要产业群。

韶关、河源、梅州、清远、云浮。韶关、河源、梅州、清远、云浮是广东省北部五座城，是广东省重点保护的生态区，在适度开发的同时，注重生态旅游业和现代化农业发展。在严守环境保护这条红线的前提下，适度地承接珠三角地区转移出来的人口和产业。韶关、河源、梅州、清远、云浮协同发展具体见表5–4。

表 5–4 广东省北部城市协同发展

韶关	作为新兴制造业基地以及粤北地区的中心城市，韶关在承接珠三角地区转移出来的产业同时，构建新的产业集群，打造涵盖五金、钢铁、有色冶炼、机械制造等在内的现代化工业基地。在不破坏生态环境的前提下，展开矿产资源的开发。
河源	借助有利的生态资源，开发建设生态旅游休闲区。在深圳福田产业转移园、深圳南山（龙川）产业转移工业园、紫金经济开发区等工业园区基础上，河源可以发展高新技术产业和能源、饮料、机械等产业，并同步发展现代化农业。
梅州	梅州可以借助广东文化打造旅游特色区，并大力发展传统的加工制造业，比如电子、机械。
清远	清远大广州的卫星城市，应主动承接珠三角地区转移出来的产业，发展好现代服务业和工业，同时保护好生态环境，着力打生态宜居的现代化产业区。
云浮	云浮优越的自然条件，使其具备发展成为区域旅游休闲圣地的先天条件。因此，云浮应努力把自身建设成为一座生态宜居的旅游休闲度假城市。另外，作为国家级农产品主产区，云浮还可以在发展食品加工业上下功夫，加快畜牧业产业化建设。

二、粤港澳大湾区发展指标评价

粤港澳大湾区发展指标评价以区域经济协调发展水平测算方法为例进行阐述。

粤港澳大湾区城市之间的经济联系状态，可以使用的计算式是：

$$I=\frac{n}{\sum_{i=0}^{n}\sum_{j=0}^{n}W_{ij}}\times\frac{\sum_{i=0}^{n}\sum_{j=0}^{n}W_{ij}\left(x_i-\bar{x}\right)\left(x_j-\bar{x}\right)}{\sum_{i=0}^{n}\left(x_j-\bar{x}\right)} \qquad (5\text{–}5)$$

在 5–5 计算公式中，n 代表城市数量，x_i 是变量，代表某个年份 i 城市人均的 GDP；x_j 是另一个变量，代表某一年份 j 城市的人均 GDP；$\bar{x}$ 是所对应的年份每个城市人均 GDP 的平均值；W_{ij} 是 i、j 两座城市的空间相邻权重矩阵。将 Morans'I（莫兰指数）的值界定在 –1 到 1 之间，如果 Morans'I 大于 0，说明粤港澳大湾区每 5 个城市之间有着紧密的经济联系，有利于协调发展；如果 Morans'I 小于 0，则说明粤港澳大湾区每个城市之间没有紧密的经济联系，即经济联系较弱，对于协调发展是不利的。

粤港澳大湾区城市之间的经济增长状态，使用每个城市的经济增长率变异系数进行测度，使用的计算式如下：

$$\beta_t = \frac{\sqrt{\frac{1}{n}\sum_{j=0}^{n}\left(y_j - \bar{y}\right)^2}}{\bar{y}} \qquad (5\text{-}6)$$

在5–6计算公式中，β_t代表t年n个城市之间的GDP增长率变异系数；y_j代表j城市GDP的增长率，j的取值范围是1到n；$\bar{y}$代表n个城市GDP的平均增长率。β_t值越大，表明粤港澳大湾区每座城市在经济增长上的差异越大，各城市之间的发展越不协调；β_t值越小，表明粤港澳大湾区每座城市在经济增长上的差异越小，各城市之间的发展越趋于协调。

粤港澳大湾区城市之间经济差异状态。下面采用经济增长水平变异系数进行测度经济差异，使用的计算式如下：

$$V_{uw} = \frac{\sqrt{\frac{1}{n}\sum_{j=0}^{n}\left(x_j - \bar{x}\right)^2}}{\bar{x}} \qquad (5\text{-}7)$$

在5–7计算公式中，x_j代表j城市的人均GDP，j的取值范围从1到n；$\bar{x}$代表每座城市人均GDP的均值；n代表城市数量。V_{uw}值越大，说明粤港澳大湾区城市之间的经济差异越大，经济发展越不协调；V_{uw}值越小，说明粤港澳大湾区城市之间的经济差异越小，经济发展越趋于协调。

区域协调发展度。将测度所得的I、B_t、V_{uw}运用于平均赋权法，反映区域协调发展水平的综合指标z，使用的计算式如下：

$$U = \exp\left\{-\frac{\left(z - z'\right)^2}{s}\right\} \qquad (5\text{-}8)$$

在5–8计算公式中，U代表区域协调发展度；z代表某个年份区域协调发展的实际测试值；z'代表区域协调发展的期望值，观察时间最小的z值对其进行替代；S代表标准差。U在[0，1]范围内取值。当U的数值与1趋近时，表明粤港澳大湾区各城市协调发展的水平越高；当U的数值与0趋近时，表明粤港澳大湾区各城市协调发展的水平越低。需要注意的是，U的数值并不是一种绝对的状态，而是一种相对状态。①

① 武文霞．粤港澳大湾区城市群协同发展路径探讨[J]．江淮论坛，2019，（4）：29–34.

第五节　总结

长三角湾区在自身发展过程中已经取得了一定成绩，各城市之间的协同发展模式出现了多个中心，并像网络化发展趋势。然而，由于经济发展水平的不平衡、产业结构的不合理，对生态环境的保护意识缺失，导致目前长三角湾区各城市间的协同发展机制并不完善，有很多的地方需要改进。纵观世界三大湾区的发展历史，我们能够找到长三角湾区的影子，在借鉴经验的同时，也应该根据长三角湾区自身特点，制定出一套行之有效的发展策略。

作为我国改革开放新阶段的又一重要示范——粤港澳大湾区，区域内的协调发展理论既是区域经济学又是国际经济学新的发展成果。所谓协同发展，是一种高质量发展的新理念，不仅要兼顾效率，还要均衡发展。协同发展符合世界多元包容发展的历史潮流，将现代经济理论，如区域协调发展、全球价值链、经济全球化、贸易投资自由化融入其中，为新时代开放型世界经济理论提供理念参考。

与西方国家的发展理论相比，协同发展这一理念将西方经济学传统观念，如“利益之争”“零和博弈”等加以摒弃，更加强调“利益相容”和“共赢发展”。作为首个横跨两种制度的国际湾区，粤港澳大湾区是向世界昭示中国“多元包容式开放”的最佳范本。

粤港澳大湾区的各个城市在协同发展理念指导下，将不再强调“以邻为壑”的财富转移效应，而是作为一个城市群共同创造财富。在让香港和澳门融入国家发展大局的同时，还要发挥好两地特长，建立一体化市场，协同打造中国高质量发展的典范。

第六章　国外成熟湾区的协调机制借鉴

对国外成熟湾区的协调机制借鉴，有利于推动我国以“智慧”“宜居”“绿色”为特征的湾区城市品质建设，营造国际化的人居环境，不断提升城市的发展质量和国际化水平。本章重点探讨世界三大湾区协调机制以及旧金山湾区、纽约湾区、东京湾区的启示。

第一节　世界三大湾区协调机制探究

在当前世界经济版图上，“湾区经济”的地位无可替代，是单一城市竞争向区域城市群竞争的产物。经济结构更加开放、资源配置更加高效、集聚外溢功能更大、国际交往网络更发达，都是湾区的特点，使湾区具有强大的竞争实力，而其背后的推手就是区域协调机制。从当前发展来看，世界上有三大湾区，分别是纽约湾、东京湾和旧金山湾。历经了几十年的快速发展与实践，这三大湾区形成了独具特点的区域协调机制。

一、纽约湾区的协调机制

位于美国东海岸的纽约湾，有着得天独厚的地理优势。19 世纪初，纽约港口在运河开通以后，成为美国东海岸连接五大湖区港口和内陆航运仅有的大型海港。占据这个优势后，纽约湾的港口业、制造业、金融保险业便蓬勃地发展起来。

因为纽约大湾区的建立不仅跨越了不同州，还跨越了不同的司法主权（美国各州立法、司法、行政体系都是独立的），所以要想很好地协调起来，需要更大的智慧。政府和民间是纽约湾区域合作不可或缺的两种力量，“纽约都市圈规划组织”和“区域委员会”是政府建立独立且统一的规划组织，一同促进区域的合作发展，在交通建设和经济发展两个方面负责协调规划；“区域规划协会”作为民间智库是一股起到重要作用的民间力量，可以给纽约湾的决策者们提供规划方案。政府和民间的“双重力量”将区域发展视为共同目标，纽约湾区能够在21世纪之初成为世界三大湾区之一，也得益于这两种力量。

“纽约都市圈规划组织”作为一个独立的统一规划组织，规避了因区域不同、部门不同造成的公务员职能设置重复，使办事流程和手续简化，提升办事效率，实现区域内协同规划的运作机制。“纽约都市圈规划组织”的主要工作内容是协调发展区域内的基础设施建设，特别是交通规划，促进各城市交通设置的改善和缓解区域内交通压力，使区域内的交通向网络化、可持续化的方向发展。

“区域规划协会”是1992年成立的一个民间智囊团。“区域规划协会”自成立以来，已经陆续推出四个区域规划：第一个区域规划开始的时间是20世纪20年代，主要内容是开启规模浩大的城市建设和基础设施建设；第二个区域规划是在20世纪60年代开启。这个区域规划的目的是将老城区与新城区通过轨道交通连接起来，从而解决老城区衰退等一系列问题。同时，“区域规划协会”第一次提出了“公众参与的区域规划”；第三个区域规划在20世纪90年代展开。这一次规划将形成高效的区域交通网络，从而提升经济活力作为规划重点；第四个区域规划是在21世纪提出。与前三次规划明显不同的是，这次规划把应对海平面上升和气候变化、社会公平、健康湾区三个与环境、民生相关的领域作为规划的关注点。

在政府和民间的共同推动下，纽约湾区经历了长达一个世纪的区域规划过程，通过区域规划，形成以纽约为中心的高效、便捷的区域交通网。在发展城市基础设施建设的同时，提倡保护生态环境和维护社会环境。在加强各级政府和部门之间的协同关系时，大胆鼓励公众参与其中。①

二、旧金山湾区协调机制

19世纪后半叶开始，旧金山湾区以“科技创新型世界湾区”享誉全球，大量高科技公司汇聚于此。旧金山湾区之所以能够成为世界三大湾区之一，其主要的竞争力是科技创新产业。知识创新链条是推动旧金山湾区协同的动力。

在美国，市场经济发展得比较完善，科研成果在资本作用下，能够快速转化成产品，从而反过来促进科技创新和研发的投入。在这个模式里，无论是政府和

---

① 臧志彭.世界一流湾区传媒产业发展经验及对粤港澳大湾区的战略启示[J].中国出版，2019，（17）：30-33.

用户，还是研究机构、企业、中介，都可以在区域范围内形成产业集群，产业信息在科学研究、工程实施、产品开发、生产制造、市场销售之间进行反馈，使得区域内各城市之间建立了一个集生产、市场、消费者之间效率较高的融通体系。机构或是企业无论是处在产业链的上游，还是处在产业链的下游，都能够发挥自身优势，知识创新的起点是高等院校，技术创新的载体是企业，中介作为平台，为科学技术型产业的金融和管理做好配套工作。

旧金山湾区的所有与创新相关要素都被聚合在一个完整的体系中，而政府则作为催化剂，以湾区的权力机构、地方联盟、各种专业的委员会等形式一起促进区域的协调发展；依靠科技创新的引导与市场自发形成的区域协调模式，是旧金山湾区与众不同之处。

1945 年以后，坐落在旧金山湾区的高等院校便开始了知识创新。1939 年—1945 年，在哈佛大学研究雷达信号侦测和干扰课题的原斯坦福大学工学院院长弗雷德里克·特曼教授创立了斯坦福创新工业园，并把部分园区出租给一些企业。为了使研发创意转化成产品，弗雷德里克·特曼教授设立了专项奖学金，至此从斯坦福创新工业园走出了许多世界知名企业，如惠普、柯达、洛克希德等。

弗雷德里克·特曼教授具有先见之明。他鼓励教师和学生在学校科技研发基础上进行创业，从而使“知识技术化、技术产品化”，在不断反馈中实现知识的更新。弗雷德里克·特曼教授所做的一切，奠定了旧金山湾高校产业创新的坚实基础。时至今日，加州大学伯克利分校、斯坦福大学等 20 余所世界知名大学和 25 个国家级或州级科学实验室都聚集在旧金山湾区，不仅向企业输送大量人才，还通过专利和技术方面的合作，实现“产学研”一体化。

除向高等院校反馈技术和产品方面的信息以外，企业还不断地向高等院校捐资助学，同他们一起担负起旧金山湾区协同创新的重担。一些同高等院校有着紧密联系的企业承接了他们的人才和研发成果以后，立刻展开研发成果的技术化和产品化的转化。当转化产品在市场上进行销售，需求量不断上升、生产扩大以后，公司逐渐壮大起来又孵化出新的具有科技创新能力的关联公司。越来越多的技术密集型企业聚集在旧金山湾区，构成了多个具有特殊的技术产业集群。

那些位于旧金山湾区的科创企业在市场帮助下，能够快速地将高等院校的研发成果转化为产品进而投放到应用领域的秘诀，除了有企业内部技术团队的支撑以外，还离不开同科创产业有着较强关联性的法律、金融等中介服务机构的助力。

由于旧金山的科技金融业发展得很好，金融、管理等类型的中介机构在发展过程中都建立了比较完善的服务体系。这样，他们有能力服务于旧金山湾区内的其他城市，帮助这些城市整合产业要素，从而提升他们科技的商业化效率。

需要特别提到的是，风险投资对旧金山湾区的科创企业发展具有不可磨灭的作用。风险投资之所以能够在旧金山湾区发展中起到重要作用，和政府的决策与高等院校的贡献分不开，最早可以追溯到20世纪70年代。养老金是最先被允许用于进行风险投资的。随着时间推移，政府对科创企业投资的比例也被写进法律条文中。为了响应风险投资助力旧金山湾区科技创新这一趋势，科研机构制定了评估研发成果的有效机制，选出具有技术化和产品化的研发成果，以降低风险投资的失败率。

湾区区域协作组织是一个联合政策委员会，帮助4个会员单位（即地方政府联盟、湾区空气质量管理部门、湾区保护发展委、大都市交通委员会）对区域交通进行整合、规划土地使用、控制空气污染、处理因气候变化导致海平面上升对湾区产生的影响，并协调湾区的区域规划。

与东京湾区和纽约湾区的协同机构相比，旧金山湾区区域协作组织和其4个会员单位大多是在21世纪才成立，从时间上来看都比较晚。他们并非是政府行使权的机构，只是对湾区各方面发展进行协调。他们根据市场规律进行决策和行动，有利于企业协同。不同类型的企业会在市场逻辑指导下，自发地进行空间排布。例如，很多研究型的大学旁边坐落着一些科技型企业。

旧金山湾区每座城市的主要产业在商业效率主导下和可持续发展约束下，形成协同关系，如旧金山的金融服务业、圣何塞的科技创新业、奥克兰的港口工商业并不是竞争关系，而是相互带动，通过产业类型的多元化和产业结构的合理布局，对旧金山湾区的整体协作发展起到促进作用。

三、东京湾区协调机制

东京湾以“制造业创新基地”闻名于世。在空间上，以东京为中心发展起来两条沿海工业带——京浜和京叶，分别从东京湾东、西两侧，由北向南沿着海湾发展，而东京港、横滨港、千叶港、川崎港、木更津港、横须贺港六个港口，则沿着京浜和京叶两条工业带分布在东京和东京以南。在东京湾区发展初期，各港口之间是相互竞争的关系。但是，随着工业带布局的调整和优化，各港口有了不同分工，彼此协作，形成港口群，从而带动东京湾区制造业的大发展。从各港口之间分散而低效的竞争转型，都依靠工业带带动港口发展的协同一致，在很大程度上归功于规划管理。

从19世纪60年代开始，日本政府开始构建“东京都市圈”，直到形成东京湾区，都没有任何政府机构对东京湾区进行统筹规划和管理。东京湾区的整体协调机制并不是通过政府决议而强制执行，而是一种诞生于经济自然发展过程中的协商机制。执行协商机制的主体拥有独立的投资人，他们遵循受到政府和社会尊重的处事原则。例如，湾区内任何城市的发展都必须在已经通过智库达成协议的规划案框架内进行，如果有更改的情况，需要获得“首都港联”全体联盟成员的同意。人们借助区域智库这个平台，对城市发展和规划发表意见，有时人们的意见甚至能够对日本的法律修改产生影响。在区域发展过程中，每一座城市和每个县都有规划。同时，如国土、交通、产业等部门也会从自身的领域规划，而这些规划都会出现在“区域”这个平台上，相互碰撞。

在“区域”平台上的相关问题，由智库——这个社会合作机制的载体负责解决。智库能够衔接并协调不同层面和领域的规划。智库由不同背景、不同投资渠道来源、不同专业领域的政府机构或社会机构组成，下面以首都圈湾港联席推进协议会和日本开发构想研究所为例进行阐述。

1976年，首都圈湾港联席推进协议会正式成立，1996年，设立了东京湾港湾联席推进协议会，在2002年再一次更名为首都圈港湾联席推进协议会。关东地域每个港的港湾管理者，即茨城县、东京都、千叶县、神奈川县、川崎市、横滨市、横须贺市和关东地方整备局一起构成首都圈港湾联席推进协议会委员。首都圈港湾联席推进协议会所负责的业务和职能包括：保护航道、相邻沿岸区域的开发和与之有关的重要规划、规划调整和调查研究，与湾区土地的使用有着密切关系。因此，在东京湾区的开发和保护方面，首都圈港湾联席推进协议会有着重要的协同作用。

日本开发构想研究所是一个研究型智库，主管机关是经济企划厅，日本财团是其法人。调查研究和咨询东京湾城市开发、高等教育，为东京湾的国土计划、整备开发出谋划策、参与从港湾的土地整备到新城开发的全部领域（包括旧工厂的二次开发、新产业、循环产业、物流、货物线乘客化、综合环境整备、防灾计划等），这些都是日本开发构想研究所的工作内容。

在国土规划和产业政策方面，日本开发构想研究所为日本中央政府和东京湾的各级政府服务，在服务过程中掌握并知晓大量地方和中央数据。这些数据不仅体现了国家标准，还体现了东京湾自身发展诉求。因此，几乎所有与东京湾区相关的规划，都要由日本开发构想研究所处理。日本开发构想研究所在按照国家整体要求前提下，既引导东京湾区实现自身发展目标，又化解了区域内各个城市之间的矛盾，从而形成一整套连贯的东京湾区规划方案。

随着时代发展和变迁，日本政府决策者也在不断更新决策。作为区域发展的参与者与伴随者，智库既扮演了这个时代东京湾区不同层级、领域规划方案协同的执行者，又扮演了传承中东京湾城市规划知识和数据的传递者。经过时间的洗礼，智库从最初的协调者、规划者、长期跟踪研究者成长为“智者”。他们通过大量的规划方案，引导并推动东京湾的区域协同发展，使之发展成为开发和管理东京湾的一个重要平台。①

第二节　旧金山湾区的启示

一、旧金山湾区政产学研的协同创新

（一）创新体制机制的完善

与创新本身相比，创新体制机制更加重要，与是否能够调动起协同创新主体参与协同创新的积极性、是否能够顺利地集聚协同创新要素，使他们彼此之间展开合作以及协同创新绩效的高低有着紧密关系。因此，让协同创新发挥其应有作用，发展适于创新开展的组织机制是关键。完善的创新体制是旧金山湾区政产学研协同创新的重要保障，为了给创新发展提供制度和环境保障，旧金山湾区政府根据领域的不同，相应地制定并出台了一系列鼓励政策，全力打造能够吸引全球企业和对世界产生影响力的创新基地。

除了拥有科技成果市场化机制，旧金山湾区还拥有良好的科技成果转化机制。例如，通过制订产业联盟计划，高等院校全力支持并引导教师、学生、研究人员积极参与创新创业。教师如果因为研究工作而耽误正常教学，可以调整教学工作

① 鲁志国，潘凤，闫振坤，等．全球湾区经济比较与综合评价研究 [J]. 科技进步与对策，2015，（11）：112-115.

安排；学生如果因为创新创业，可以随时休学。同时，学校支持教师与学生创办企业或者在企业里兼职。这种体制机制有利于促进高等院校和企业之间的衔接与合作，有利于科研成果的市场转化。科技猎头公司、风险投资公司、高等院校以及企业之间建立了密切的合作机制，一起推动创新发展。

（二）世界顶尖大学的助力

高校在基础研究上的突破以及新学科之间的交叉，产生出的成果源源不断地催生出能够代表未来产业发展方向的高新技术群体，孕育出一批又一批新的产品、行业、商业模式，解决国民经济的重大科技问题，在引领创新驱动发展方面起着重要作用。

旧金山湾区之所以能够形成政产学研科技协同创新，不竭的动力源泉是其拥有世界顶尖大学。在旧金山湾区，每 245.2 平方千米、每 10.4 万人中就拥有一所大学。旧金山湾区一共有 70 多所大学，其中斯坦福大学、加州大学伯克利分校、加州大学旧金山分校、加州大学圣克鲁兹分校、加州大学戴维斯分校是 5 所世界级研究型大学。数量如此之大，且教学质量较高的大学为旧金山湾区的科技创新发展贡献了不可磨灭的力量。

事实上，旧金山湾区数量庞大、有着较强科研能力的世界名牌大学和各类研究机构才是科技创新的源头。他们在为旧金山湾区的科技创新奠定深厚的研究基础同时，还为其发展提供了很多重要要素，比如实验室、创新人才、孵化器。旧金山湾区世界知名大学的专利或者科技论文，一直以来都受到创新创业者的引用。在大量大学、企业家、中介的合力推动下，创新氛围和一系列创新制度在旧金山湾区形成，如大规模生产制度、风险投资体系、公司制度等，鼓励跳槽、容忍失败。

（三）高科技产业集群的良性发展

产业集群的主要优势之一，是集群内部通过知识、技术等各种要素互动而产生的集群创新效应，一方面体现为大企业对创新的“极心”作用；另一方面体现在众多中小企业对创新的高敏感性和灵活性上。

旧金山湾区的科技创新发展离不开高科技产业聚集发展的大力支撑。当前，一大批在全世界具有影响力的高科技创新企业聚集在旧金山湾区，每个领域都有自己的高科技产业集群。苹果、英特尔、谷歌、特斯拉、惠普、思科等一批极具世界影响力的大公司总部都位于旧金山湾区，还有大约 5000 家员工不超过 50 人的科技公司也选址在旧金山湾区，其中有 300 多家是创新型生物技术公司。因此，一个涵盖大、中、小型科技创新企业协同发展的高新技术产业集群在旧金山湾区形成。这个产业集群将科研、技术、生产融为一体，在多个领域，如人工智能、信息技术、航天科技、无人驾驶、生命医药等方面领跑全球。

（四）科技中介服务体系的完善

科技中介服务体系是由不同性质和发挥不同作用的科技中介机构、满足科技创新体系内各创新主体所需的服务内容，以及规范科技中介机构运行的规章制度、市场规则和法律法规所组成，为科技供求双方提供所需服务，以创造社会价值和经济价值。

不断完善的科技中介服务体系，为旧金山湾区政产学研科技协同创新打下了坚实基础。为构建完善的科技中介服务体系，旧金山湾区全力发展科技中介机构，如科技金融服务机构、信息咨询服务机构、技术转移和转化的服务机构、法律服务机构、人力资源服务机构。就世界范围而言，旧金山湾区有着完善的风投环境和最成熟的风投机制。美国三分之一的风投公司都开办在旧金山湾区，使其成为美国重要的区域投资金融中心。在资本产生虹吸效应影响下，来自全世界的大量资金涌入旧金山湾区，一些科技金融机构也纷纷进驻旧金山湾区。他们针对旧金山湾区有着大量创新创业需求的现状，创新了投融资模式和打包式服务。

按照企业不同的创新创业需求，科技金融机构为其制定了多元化、个性化的科技金融服务。在金融资本的助力下，科技金融机构提供的科技服务成为创新创业的孵化器。旧金山湾区还形成了较为完善的投融资服务体系，促使投资形式多样化，有效地解决了区域内科技企业，特别是中小科技企业投融资难这一问题。

二、旧金山湾区政产学研协同创新机制的启示

（一）宽松的制度环境

旧金山湾区创新发展的外部环境具有“小政府，大市场”特点。旧金山湾区的政产学研科技协同创新系统受到政府干预较少，基本上依靠市场的力量对资源进行配置，企业的经营自主性较大，各种创新要素，如资金、技术、人才在区域内都可以自由流动。很多情况下，政府的角色是服务者、培育者、秩序维护者。政府的主要职能体现在制定和实施相关法律法规，如城市规划、公平竞争、科技投入、知识产权保护，和其他基础制度环境的建设。政府职能的准确定位，市场体制、机制的充分发挥，政府和市场两者处于相对平衡的状态，从而营造出一个

公平、自由、有序，相对宽松的湾区创新创业环境。

（二）充足的人才资源

创新的竞争需要从科技人才的竞争开始。旧金山湾区有着丰富的人才资源，为其创新发展提供了重要的原动力。旧金山湾区在科技人才培养和引进方面做出了很多努力，给予科技人才很多优惠政策，还为特殊人才和高技术人才提供了丰厚待遇，为他们创造了良好的研究环境。

旧金山湾区制定了较为宽松的移民政策，可以吸引来自其他国家的更多创新人才。在旧金山湾区的很多初创公司里，有三分之一的工程师和科学家都不是土生土长的美国人，有四分之一的创始人出生在中国或者印度。

借助旧金山湾区汇聚了众多知名大学这一科教优势，旧金山湾区出台了很多扶持政策，培育出一批又一批顶尖的高科技人才。2019 年，旧金山人口达到 768 万，拥有高科技人员 200 多万，成为名副其实的世界各地科技人才的聚集高地。

（三）系统化的创新体系

旧金山湾区的创新体系具有全面性、高效性，在体制上为旧金山湾区的创新发展提供了保障。

大学和企业展开合作，实现优势互补。在充分利用区域内世界顶尖大学形成的科研机构群基础上，旧金山湾区积极推进全球高新技术企业同他们的交流与合作。大学能够为高新技术企业培育并输送急需的各类创新人才，高新技术企业能够在科研场所、科研设备以及科研资金上给予大学支持。同时，高新技术企业可以依托大学及其实验室，将教师和学生的科研成果转化为科技产品，以技术转让或持股的方式，支持教师和学生创办高新技术企业。此外，高新技术产业集群将教学、研发、生产、应用融为一体，涉及行业极其广泛，比如电子信息、计算机、能源、生物、新材料、海洋。在产学研模式推动下，旧金山湾区的科技创新走在了世界前列。

各类高校运行的创新服务机构。旧金山湾区有着众多创新服务机构和平台，他们可以向高校、企业、科研机构提供诸如金融服务、商事登记、信息管理、成果转化、人力资源服务、法律保障之类与创新创业和技术研发有关的服务项目。旧金山湾区为了帮助中小高新企业解决融资难、融资贵等企业发展过程中遇到的难题，在大力发展传统金融业（比如，银行、风险投资、债券）的同时，积极发展科技金融，构建科技金融服务生态体系，在资金保障和金融手段的便利性方面，助力高新技术企业平稳、快速发展。

（四）开放包容的文化氛围

作为一项特点鲜明的软环境，开放包容的文化氛围对旧金山湾区的创新发展提供了保障。

旧金山湾区有着极其丰富的文化资源，多元文化能够很好地融合在一起。湾区既不排斥外来文化，也不排斥移民，对两者有着很大的包容性和开放性。长期以来，这种开放包容的文化气氛吸引了世界各地的创新人才纷至沓来，从而推进旧金山湾区的创新发展。

旧金山湾区秉持容许失败的创新理念，在一定程度上能够使科研人员和企业大胆尝试、勇于创新，为湾区的发展带来活力。

旧金山湾区鼓励科技人员跳槽或自主创业。很多在大型高新技术企业工作过的工程师都有过到其他企业任职的经历，他们中的一些人还自主创业或是与其他合作伙伴共同创办企业。旧金山湾区支持和鼓励科技人员自由流动。有了这种开放的社会机制，技术交流变得更快，科技人员的动力也更大。另外，勇于冒险、敢为人先、接受新发明的文化以及质疑权威等硅谷精神，在一定程度上也影响并促进着旧金山湾区创新创业的发展。①

第三节 纽约湾区的启示

一、纽约湾区“跨州”建设的渊源

位于美国的纽约湾区，也被人们叫作纽约大都市区。这是因为其有包括纽约州、康涅狄格州、新泽西州在内的 31 个县组成，占地面积有 33,484 平方千米。

在美国东海岸，纽约湾有其特殊的地理位置。伊利运河在 19 世纪开通以后，纽约港口便成为能够将内陆航运在五大湖区域港口连接起来的唯一一座东海岸的大型海港。这一时期，凭借特殊的地理位置，同美国西海岸相比，东海岸因其与伦敦等欧洲城市的距离更近，航行时间更短，更加受到有出差需求的华尔街金融人士的青睐。相较于世界上其他湾区，纽约湾区在 19 世纪 80 年代已经发展起来。

① 程万慧，魏庆朝，白雁，等．美国旧金山湾区捷运系统 [J]. 都市快轨交通，2013，26（1）：116-120.

当前，纽约湾区不仅有发达的金融业，还有便利的交通网络和良好的教育，受到全世界投资者和科技人才的关注。

曼哈顿是最早凭借纽约湾内天然港口这一独一无二的优势发展起来的地区，也是纽约湾区名声最大的地区。曼哈顿地区，甚至纽约大都市区规划建设的开启，要从 1811 年的委员计划说起。为了解决移民潮问题，1811 年的委员计划被推出，其“网格状”规划成为之后很长一段时间城市规划者的最爱。这个规划囊括了街道和公共空间的建设，其中包括南、北主干道 12 条、正交十字路 155 条，以及广场和公园。由于没有将自然风光、美观程度、地理地形等因素考虑进来，1811 年的委员计划受到民众诟病，但是之后的调整和延伸，在人和城市关系上起到了一定的平衡，也就有了人们今天看到的曼哈顿和纽约湾区。

同世界上其他湾区相比，纽约湾区是一个跨州建设的大都市区，也是其最大的不同之处。纽约湾区的规划需要考虑到区域内人口、建设、管理之间的平衡。人们可以用“多方联合，基建联通”概括纽约湾区的规划管理。区域委员会专门负责纽约湾区的经济发展，而大都市圈规划组织则负责交通建设的协调规划。纽约湾区很重视基础设施建设，特别是交通建设。从纽约湾区的历次规划中可以看出交通建设的重要性。例如，在建设之初，为了缓解中心城区压力，纽约湾区建设了大量公路。如今，随着城市向郊区外延，为了保证经济的可持续发展以及中心城区人口数量，纽约湾区开始借助基础设施建设这一手段，使区域交通等问题得到缓解。针对人们每天都要跨州通勤的实际需要，纽约湾区大力发展了跨州联通的交通网络。

纽约湾区的整体交通建设方案、统一的规划项目、长期交通规划、交通改善项目等，都由大都市圈规划组织的交通委员会进行评估。大都市圈规划组织等机构作为独立的统一规划组织，在一定程度上避免了由于政府工作人员职能的重叠，造成办事流程烦琐，从而导致在时间、人力、物力上的浪费和消耗。这些规划组织不仅提高了规划效率，还可以从更加长远的角度处理整个区域的协调发展。

此外，通过利用外部力量，大都市圈规划组织等机构能够更好地倾听民众建议，其中具有代表性的要数区域规划协会。区域规划协会是典型的民间智库。区域规划协会是 1922 年成立的一家城市研究机构。当时，区域规划协会的组成成员有商业人士和专业人士。区域规划协会专门从事与纽约大都市区发展相关的调查、分析、规划建议。区域规划协会研究规划的内容主要包括：土地利用、环境保护、交通建设、经济发展、个人和机构发展机会。按照不同项目，比如能源环境、社区建设、交通，区域规划协会将纽约湾区内三个州的专家分成不同类别。区域规划协会是一个非营利机构，公众的支持是其各项经费的主要来源，主要的支出方式是项目研究。自区域规划协会成立以来，针对纽约大都市圈的发展提出了四次规划方案，一些建设策略得到实施，还有一些成为规划依据建议。

1929 年，区域规划协会提出了第一版《纽约及其周边的区域规划》（以下简称《区域规划》）。这个规划针对高速公路、铁路网、公共空间、居住、商业、工业中心、基础设施建设以及人文发展等提出建议，希望借助联通使中心城区的压力有所缓解。这次规划涉及的建议，自日后纽约湾区发展中被证明是非常成功的。1929 年的区域规划是美国历史上第一次从整体上对纽约大都市圈进行规划。

20 世纪 60 年代，区域规划协会开启了第二轮区域规划。这次区域规划是针对城市外扩导致环境恶化、老城区中心空心化之类的问题。希望通过建设统一的交通体系，使城市中心重新繁华起来，促进城市中心再繁荣。到 20 世纪 80 年代，纽约湾区的交通网络得到优化和提升，建设效果显著。

1996 年，区域规划协会提出了第三次规划——《危机下的区域发展》。《危机下的区域发展》把关注点聚焦在世纪之交纽约湾区在经济、社会、可持续发展上面临的挑战。如何在近乎完善的基建网络现实状况下进一步对其加以完善，提高民众的生活质量成为这一次规划的焦点。此次规划旨在提高纽约湾区宜居性的同时，从环境保护、社区建设、劳动力保护三个方面促进区域经济的可持续性发展。除了加强交通网络联通建设，规划还涉及城市环境保护、公共空间保留。

2017 年 11 月 30 日发布的第四次规划——《共同区域建设》，将关注的重点放在进一步体现以人为本的发展需要，集中关乎民生的问题上，比如住房、气候、通勤、可持续生活，充分体现以人为本的规划思路。其亮点是以改善住宅、商业用地、基础设施建设带动就业，实现区域内平等发展，让广大民众能够实实在在地分享经济增长带来的改变。与上一次规划联合起来看，两次规划向世人揭示了区域规划协会希望把纽约湾区从贸易港转型为金融中心，再将其打造成适合人类居住的湾区发展目标。作为多方协调中的一个重要部分，区域规划协会为纽约湾区的发展做出了卓越贡献。纽约湾区正是在这种多方协调机制下，走出一条具有自身特色的金融湾区发展之路。

二、纽约湾区协同创新机制的启示

（一）良好的教育为湾区输送科技人才

很多世界著名的大学，比如耶鲁大学、哥伦比亚大学、普林斯顿大学、纽约大学、康奈尔大学都位于纽约湾区。从整体上看，纽约湾区有着较高的教育水平。正是由于较高的教育水平以及良好的文化氛围，为纽约湾区培养了大量人才。发达的经济、创新的思维、高精尖的技术为年轻人提供了广阔的就业空间，他们愿意留在这里，实现自己的价值。此外，校友会也发挥了重要作用。他们不断加强与校企之间的联系，为人才的储备做好准备。

（二）优越的地理位置与合理的区域规划

由于是天然的深水港，纽约港为湾区的发展提供了必要的物理条件。大批的物产通过港口被运送到纽约湾区，使区域内民众的生活变得越来越方便。19 世纪初，制造业开始在纽约发展起来，其主要产业有轻工业、制糖业、服装业。纽约制造业的产值在海洋贸易助力下，在短短的五六十年里位列全美第一，成为美国制造业中心之一。

伴随巴拿马运河的开通，纽约进入经济大发展的全新历史时期。自此，纽约港的吞吐量不断攀升。慢慢地，纽约成为国际航运中心，其辐射范围从最初的纽约及其周边地区扩大到整个湾区。除了政府管理以外，纽约地区在 1921 年成立了纽约地区规划委员会，也就是后来的纽约地区规划协会。纽约地区规划协会是传统行政体系的一种有效补充，可以研究并制订纽约湾区的长期规划，对各方面的发展做出指导。纽约湾区在历史上一共经历了四次区域规划。①

① 刘毅，王云，李宏，等．世界级湾区产业发展对粤港澳大湾区建设的启示 [J]. 中国科学院院刊，2020，35（3）：312-321.

第四节　东京湾区的启示

一、重视政府规划同市场机制相结合，形成自身特色

由于东京湾地处环太平洋地区，在日本工业化和现代化进程中发挥了重要作用。但是，仅凭区位优势还是不够的，需要对整个区域进行规划整治。缺少规划的开发具有掠夺性，无序的利用只会对区域资源造成破坏。规划整治需要政府科学引导和干预，而开发利用则需要发挥市场机制对资源的配置作用，两者需要结合起来才能达到最佳效果。由于国土面积的限制和区域经济发展的差距，日本政府很早便意识到要合理开发利用国土资源以及整体规划的重要性。于是，日本政府在 1950 年颁布了《国土综合开发法》，1956 年 4 月颁布了《首都圈整备法》，并依次制订了开发计划。在之后的 43 年间，日本政府分 5 次修改了东京（湾区）的规划和开发方针。

作为岛国，日本的平原比较狭小、地形多变、资源比较匮乏，能源、工业原材料和产品销售市场都在国外。但是，日本靠着港口城市、沿海选址的合理布局，实现了成本的降低和经济规模化。在长期发展过程中，日本将技术立国和贸易立国作为经济发展的两项长期战略，大量进口石油、煤炭、矿石等资源，大量出口电子、汽车、工业制成品等，在工业化基础上实现现代化，同时对欧美的先进技术加以引进、消化与吸收，产品创新能力不断加强，产品竞争力不断提升，并逐步抢占国际市场。

二、城市功能分工明确，公共交通网络完善

东京湾区内的港口城市在数十年的发展过程中已经形成各具特色的功能分工体系。根据自身基础和特色，区域内的主要港口城市有着不同的城市功能。他们分工合作、相互补充，在此基础上形成合力。他们整体宣传、一起揽货，组成一个具有多种功能的复合体，不仅使资源得到充分利用，还增强了区域的综合竞争能力。

在沿海港口城市，重化工制造业有着极高的依存度。沿海港口城市吸引着大企业和相关产业向其集聚，对此需要对东京湾的基础设施展开大规模建设。东京湾区有着日本列岛最密集的航道、铁路、公路、管道、通信等网络。东京湾区的

铁路网被设计成放射状，周围有两条环形线，一条是山手线，另一条是武藏野线。除此之外，东京湾区还有着密集的高速公路网。在以市中心为圆心、50 千米为半径的范围内，每天的汽车流量都在 500 万辆以上。在东京羽田机场，每年国内航班的起落架次达到 9 万架次，国际航班的起落架次达到 4.4 万架次；国内旅客流量达到 573 万人次，国际旅客流量达到 216 万人次；每天仅东京港的进出港船舶大约 1000 艘，每年货运量在 6000 万吨以上。[①]

① 王贺兰.日本东京湾港口城市产业圈建设中的教育发展策略[J].河北学刊,2008,28(2):217-219.

第七章　政策建议

滨海湾区城市群的发展需要各个城市政府的积极参与，要求城市政府之间相互合作、互相信任，经常开展协商互动和交流，共同为城市群的高质量发展献计献策。本章重点探讨长三角湾区城市群协同发展对策建议、粤港澳大湾区城市群协同发展对策建议。

第一节　长三角湾区城市群协同发展对策建议

一、长三角湾区城市群经济协同发展对策建议

（一）树立与转变经济发展方式相适应的思想理念

重视生产性服务业的发展和制造业的优化升级。服务业在发达国家内部得到快速发展，不仅成为国民经济增长的重要引擎，而且推动整个社会向“服务经济”社会转变。当前，这一趋势逐渐显现在包括我国在内的发展中国家经济发展进程中。长三角是我国经济最发达的地区之一，苏、浙、沪两省一市均已进入工业化发展的中后期，按照世界经济发展理论和实践，在此阶段，将是服务业，特别是生产性服务业稳步增长并快速发展时期。尽管距离服务经济的形成还有一定差距，但长三角应当主动顺应世界经济发展大势，大力发展现代服务业，促进产业结构升级，推动经济现代化目标的实现。

纠正唯 GDP 论的思想观念。GDP 代表的是国内生产总值，作为国民经济发展的“晴雨表”，GDP 的重要性不言而喻。如果在以 GDP 政绩考核制度安排下，对 GDP 的重视渐渐演变为“唯 GDP 论”，则不利于长三角湾区城市群经济协同发展。抛弃长三角地方政府唯 GDP 论的思想观念，需要充分认识到 GDP 不能说明经济发展的质量以及 GDP 并不等于真正的经济增长，停止一切投资高耗能项目拉高 GDP 数值的做法，从制度上建立起适应科学发展的考核机制和激励机制，

将人均GDP发展速度与GDP发展速度之比、第三产业在国民经济中的比重、碳排放强度等指标纳入政绩考核体系。

（二）构建统一完善的区域经济发展政策法规体系

规划先行，明确发展目标和发展路线。区域性经济发展规划应包括四个要点：一是将转变经济发展方式纳入区域一体化的进程中，进行总体安排部署；二是将低碳技术研发纳入区域科技规划和相关科技计划；三是制订专项规划，提出转变经济发展方式的概念、目标、重点任务和保障措施等，并建立与其相配套的统计和考核指标，作为区域国民经济规划中的引导性指标；四是制订重点行业和部门的发展规划，立足向低碳转型，并促进产业结构升级。

制度推动，建立统一有效的政策法规体系。统一完善的区域政策法规既是转变经济发展方式的前提，也是建立转变经济发展方式长效机制的有力保障。随着长三角一体化联动发展的深入合作，政府部门应当提供统一的政策和法规支持，加快构建适宜经济发展方式转变的“政策高地”和制度环境，切实推进产业结构升级和低碳经济发展。为此，长三角区域应当从市场准入、知识产权、财政税收、标准体系等层面出发，建立统一有效、促进经济发展方式转变的政策法规体系。

（三）搭建区域经济发展方式转变的人力资本平台

现代经济发展表明，知识是实现经济高质量发展的决定性因素，在相同的物质技术条件下，知识制约着生产活动的方式、范围、强度及成败。当前，全球已进入“知识经济”时代，顺应世界经济发展趋势，长三角转变经济发展方式要以知识运营为基本方式，使知识在生产中占据主导地位。

与物质经济时代相比，知识经济建立在知识的创新、分配和使用基础上，而这一过程的实现，又必须依赖生产系统中的人力资本要素。因此，长三角转变经济发展方式，必须着眼于人才队伍的建设，积极促进人力资本存量的有效积累。为此，搭建区域经济发展方式转变的人力资本平台，需要注意以下几个方面。

1. 实施重点领域的人才开发引进

长三角地区应当充分发挥教育和研发优势，率先在本科、硕士、博士不同层次开展现代服务业和低碳经济相关教育；拓宽人才培养途径，高度重视职业教育，面向市场，以就业为导向，建立新的职业教育机制和办学模式，如校企合作的“订单”式教育培训；建设以上海、南京、杭州为中心的区域性人力资源培养合作平台，实现三地教育、科技资源共享共为，努力造就一大批高层次、高技能、通晓国际规则、熟悉现代经营和管理的服务业专门人才；从战略高度出发，推出各种优惠条件，积极吸引和聘用国外高级人才，鼓励海外留学人员回国创业发展。

转变经济发展方式是一个庞大的系统工程，涉及面广、任务繁重且意义重大，长三角应当通过多层次、多渠道，不断培养和引进各类高素质人才，努力为转变经济发展方式提供强有力的智力支持。

2. 营造创新创业环境

在上海、南京、杭州等主要城市建立人才创新和创业基地，大力推进人才扶持计划，以事业留人，全力将长三角打造成为高层次人次创新和创业的环境。

具体而言，创新创业环境包括资金扶持环境、政策管理环境、产业化服务环境和生活文化环境四个方面。优化资金扶持环境需要通过资金参股、税收优惠、风险补偿、融资担保、引导和鼓励金融机构加大对中小企业的投入、建立境内外上市扶持体系等改善和解决中小企业创业融资难的状况；优化政策管理环境包括简化创业登记程序、破除创业人才身份限制、扩大科研机构人才使用和经费管理权限、改革人才评价、优化选拔和激励机制以及加大知识产权保护等方面。

优化产业化服务环境是搭建产学研合作平台，加快科技成果转化过程，促进创新成果转化由个人化、集成化、零散化向专业化、社会化的转变；优化生活文化环境，需要从户口、居住条件、医疗条件、子女受教育条件、文化、艺术、娱乐等文化和生活方面，多角度、多层次地提高长三角地区对人才的吸引力。

3. 构建规范的人才市场

以构建长三角人力资源服务市场为抓手，充分利用海内外两个市场，最大限度地发挥市场机制对人力资源配置的基础性功能。对此，构建规范的人才市场需要注意以下几个方面。

（1）建立长三角人力资源服务市场的政策法规体系。以完善的政策法规规范市场行为、维护市场秩序以及保证市场的公平和效率。

（2）促进人才在区域范围内的自由流动。对于人才流动和转移的区域政策，需要重点消除限制人才自由流动制度障碍，使劳动力能够不受限制地按照市场规则和自愿原则自由流动，促进人力资源在市场机制作用下达到高效率的配置。

（3）建设具有国际竞争力的人才市场。加强政策创新，进一步放宽人才中介机构设立政策，积极引进国内外著名人才服务机构，打造长三角人才服务机构集聚中心和人才服务高地。鼓励人力资源服务机构创新业务和提升服务能级，加快培育和形成一批具有较强国际竞争力和影响力的领先企业。借鉴国际经验，引进国际通行的人才服务标准和招聘程序，面向全球为长三角引才和聚才。引入国际低碳领域职业资格考试，鼓励国内外人才持证上岗。[①]

二、长三角湾区城市群产业协同发展对策建议

推动长三角一体化发展，关键在于树立“一体化”意识和“一盘棋”思想，紧扣“一体化”和“高质量”两个关键，通过制度创新有效降低区域间要素的流动障碍，通过创新环境和营商环境的整治，促进区际产业分工与协作、提高创新效率、降低运营成本，为地区产业集聚和产业一体化发展创造出更加便利的条件。对此，长三角一市三省要基于命运共同体、利益共同体和责任共同体原则，着眼打造世界级城市群和完善中国改革开放空间布局，多管齐下，系统推进，降低各种生产要素流动壁垒，大力推进产业一体化发展。

长三角湾区城市群产业协同发展需要注意以下几个方面。

（一）突破区域行政壁垒，共建产业合作区

长三角一体化发展层次不断提高，但由于诸多利益主体的存在，行政割据导致的地方保护主义依然存在。构建跨区域项目合作平台，以项目引导合作，可以突破区域行政壁垒，发挥区域间资源的优势互补；以项目合作的形式进行产业合作，实施“一事一议”，可极大提高合作的灵活性；构建常设平台，可降低信息搜集成本、提供项目协商谈判的平台，提高合作效率。在具体操作上，可通过三种渠道创新利益分配机制，推动建立跨区域经济合作开发区：①完善当前已较成熟的分税制模式，让合作双方取得双赢；②采用股权投资模式，根据股权份额分配开票收入；③合作双方财政通过协议，商定一定期限内开发区的收益分配标准。

（二）构建“互联网 +”合作平台

构建“互联网 +”合作平台，促进产业对接和转型升级。在 2016 年 3 月，长三角城市已经发出“互联网 +”合作与发展共同宣言，要求到 2025 年长三角各城市网络化、服务化、协同化的“互联网 +”产业生态体系基本完善。当前，深化长三角“互联网 +”合作平台建设，是打破区域产业链分割，实现区域产业合作向纵深发展的有效途径。大项目合作需要围绕长三角工业支柱产业以及战略性新兴产业，全力推动长三角传统产业转型升级。在这个平台的产业合作服务界

---

① 暴琪 . 长三角经济现代化战略研究 [D]. 上海：华东师范大学，2012：157-173.

面上，将利用网络渠道获取社会上企业、投资人、招商机构对产业的需求，建立大数据平台，建设需求对接的管理模块。平台对企业提交的产业合作需求进行评估后，可联合各地合作招商机构进行产业合作需求的匹配对接，逐步形成对接需求受理、对接信息推送、对接项目管理和跟进、对接业务统计等功能。

（三）整合科学技术资源，打造科技创新中心区

长三角是我国首屈一指的科研院所与高等教育资源集聚中心，也是中国对外开放与国际经济技术交流的前沿阵地。长三角应当积极把握新一轮扩大开放机遇，以张江、合肥综合性国家科学中心建设为龙头，发挥苏南、杭州国家自主创新示范区带动作用，加快构建区域创新共同体。为此，沪、苏、浙、皖亟待整合资源，打造地区科技创新中心，推动长三角区域联合科研攻关的常态化、制度化发展。此外，为了提升区域内科研活动的针对性和时效性，提高科技创新效率，长三角相关部门可以考虑择机对现行科研创新统计系统实施改革，加强对国际专利、专利转化率、科研成果产业化率的统计与考核，更好地引导科研机构瞄准经济社会实际需求展开科研创新活动。

三、长三角湾区城市群府际协同发展对策建议

（一）长三角区域府际协同治理范式转型的价值选择

跨区域的公共行政活动需要促进区域协调发展。随着长三角经济一体化的呼声越来越高，中央对完善长三角区域合作也提出了更高要求。国务院出台关于加深推进长江三角区域经济社会发展和改革开放指导意见，标志着长三角区域经济一体化合作和协调进入一个新的阶段。为了适应新的形势要求，需要进一步明确长三角区域政府协同治理的价值目标定位，探索符合当前发展阶段特点、适应政府协同治理特征、具有现实可行性的长三角区域协同治埋范式。

长三角区域府际协同治理范式转型的价值目标是：尊重自主发展、避免恶性竞争、促进合作共赢，实现和谐发展、科学发展、一体化发展以及率先发展，争取把长江三角洲地区建设成为全球重要的先进制造业基地、亚太地区重要的国际门户以及具有国际竞争力、世界级的城市群。

长三角区域府际治理范式转型的价值选择需要注意以下几个方面。

1. 尊重自主发展

充分尊重各地的自主发展权，是长三角区域政府协同治理的基础。不能充分

尊重各地的自主发展权，会使合作和协调困难重重，丧失合作和协调基础。

充分尊重各地的自主发展权，是适应政策差异性特征的必然选择。各地经济的发展落差导致政策差异不可避免。长三角区域政府协同治理的任务，并不是要使各地政策完全一致，更不是要集中政策的制定权，而是在承认政策差异必要性的基础上，开展政策协调。

充分尊重各地的自主发展权，是充分发挥各自的区域优势和自我发展的能力和潜力，形成长三角区域错位竞争的内在要求。

2. 坚持创新驱动

长三角区域的合作与协调，实际上是以利益协调为基础的区域合作，是一种横向协调为主的机制。横向协调的成功关键在于坚持创新驱动，协调各方利益诉求，从而获得共同一致，实现区域一体化发展共赢。因此，长三角区域协调机制的设计核心必须遵循这一原则，否则区域合作将失去原动力。

坚持创新驱动，实现一体化进程中的发展共赢，不仅要加速淘汰落后产能，优化产业结构，解决部分领域的产能过剩和同质化竞争过多等突出问题，推进以企业为主体的自主创新体系和能力建设，还需要通过改革，下大气力解决体制机制不适应、增长内生动力不足、资源环境不可持续等城乡区域发展不平衡等瓶颈问题。

3. 消除行政壁垒

在全球化、区域化、信息化和网络化的发展背景下，区域合作与发展应更多地遵循“关联经济”和“共生经济”内在决定的发展逻辑。只有互利共赢的“正和博弈”，才能带来区域的共同发展。因此，区域合作协调机制的关键是地区之间利益的协调，通过设计和优化体制机制，建立健全一定的利益表达机制和利益协调机制，构建公平、公正、公开的一体化发展环境，目的是从根本上打破以行政区经济为主体的发展模式，实现要素的自由流动，加快推进区域一体化进程。

消除行政壁垒，实现要素自由流动，是实现长三角各地共同利益的必然选择。如果各方在参与长三角区域政策协调过程中，不能实现其预期收益并分享经济一体化成果，便不能被参与者普遍认同，各方积极性就不能被广泛调动，制度实施也不能取得积极效果。

消除行政壁垒，创造公平竞争的发展环境，是长三角区域一体化发展的必然要求。实现生产要素合理流动、建立统一的区域市场准入和质量互认制度，有利于优化区域资源配置、降低企业经营成本、提升区域竞争力，推动沪、苏、浙经济共同繁荣发展。在区域协调发展中，由于行政区划的界限和地方保护主义思想的影响，容易形成割裂市场的政策壁垒。当前，沪、苏、浙之间存在一些政策壁垒或障碍，需要废除或修改。此外，不增加新的政策壁垒，是各地制定差异性政策必要的底线。

消除行政壁垒，创造公平竞争的发展环境，是政策普适性特征本质的体现。针对各地差异性问题制定的政策具有差异性特征，而针对区域内共性问题制定的政策则具有普适性特征。因此，对于共识较多、利益一致、互利共赢的事项，通过协调形成普适性政策，是很有必要的。

基于此，长三角区域府际间协同治理机制的设计，需要坚持法制化原则，形成组织化制度安排，构建充满活力、富有效率、更加开放的区域协同治理环境，促进和发挥政府在区域合作与协调中的作用，充分发挥市场力量在配置资源中的基础性作用，将长三角地区建设成为区域功能完善、产业布局合理、要素自由流动、生态环境优良、人民生活舒适的可持续发展地区，成为国内实现科学发展、和谐发展、率先发展、一体化发展的示范区，成为改革创新的引领区、现代化建设的先行区。

（二）长三角区域府际协同治理范式转型的路径选择

1. 优化府际协同治理政策的过程

一项政策的制定总是基于一定的利益表达和综合之上。各种不同的利益要求经过表达和综合，进入到政策制定过程。政府决策过程，实际上是把社会上各种利益与要求输入政府系统中并转化为政策输出。对此，推进长三角区域政府协同治理机制的优化提升和范式转型，重点应针对性地解决长三角区域政府协同治理政策过程中存在的问题和缺陷，把握多元主体跨区域协同共治的转型发展趋势和要求，进一步优化设计决策过程。

长三角区域府际协同治理的政策过程，可以优化设计为诉求表达、协调会商、决策实施、评估反馈 4 个有机联系环节。

政策诉求表达的渠道包括三个层面：

第一，政府层面。政府层面包括政府各部门、联席会议各专题组、人大和政协机关。主要通过报送政策协调项目五年规划和年度计划项目、人大议案政协提案等方式提出政策协调项目。

第二，市场层面。市场层面包括各类企业，可以向政府各部门提出政策诉求，有关政府部门调查研究后，通过报送政策协调项目五年规划和年度计划，上报政策建议。

第三，社会层面。社会层面即行业协会、各类社会中介组织、教育和研究机构，以及公民等；可以参照市场主体的诉求表达渠道，向政府有关部门提出建议。

政策会商协调由三地常务副省，市长联席会议会同各专题组，形成“1+N”的会商机制（“1”即常务副省市长联席会议；“N”即各专题组）。制订政策协调项目规划和计划。对于社会各方提出的政策协调诉求，经政策法规组统筹平衡，形成政策协调项目五年规划和年度计划草案，报三地常务副省、市长联席会议批准后实施；研究起草政策文件。由业务专题组按照一定程序协调各方，研究起草有关政策文件；启动协调遇阻的响应程序。

政策协调经过一定的协调程序后难以继续推进的，由相关业务专题组报政策法规组，经政策法规组协调提出协调建议报三地常务副省、市长联席会议。

三地主要党政领导峰会对重大事项进行决策，三地常务副省、市长联席会议会同政府有关部门对常规事项进行决策，形成“1+1+X”的决策实施机制。决策政策法规组提出政策协调建议，即对政策协调遇阻的响应程序启动后，对政策法规组提出协调建议进行决策；签发并实施政策协调文件和协议，即对形成的政策文件或行政协议做出是否签发的决策，并在签发后组织实施。

在政策评估反馈环节中，主要包括：事前影响评估。对于三地自行制定的新政策，在自主判断基础上，认为对区域内其他地区可能产生影响的，可以主动进行事前信息沟通和事中征求意见，尽量避免政策出台后再协调修订或废除；事后效果评估。对于政策协调成果的执行效果，按照三地常务副省、市长联席会议要求，由政策法规组负责组织评估，具体评估工作可以聘请社会中介机构实施。评估报告三地常务副省、市长联席会议，对于执行不力或政策制定有偏差的，可以及时纠正。

2. 发挥市场机制在府际协同治理中的作用

长三角地区的经济快速发展，最主要的原因是市场化水平高，长三角区域合作的主旨是要推进长三角大市场的建设和完善。因此，建议从以下几个方面进行制度创新，以便更好地发挥市场机制在区域政府协同治理中的作用。

（1）进行产权制度创新。首先要在长三角区域排污权试点基础上总结经验，制定统一的完善的区域排污权制度，解决各地企业因排污权制度不同而导致的企业成本差异，切实推动区域环境的保护；其次要抓住中央给予上海试点碳排放交易的契机，进行碳排放交易制度的创新，逐步在区域内推广；最后要认真落实镇江协议的精神，及早推出长三角地区产业转移与承接利益分享机制。

（2）制定统一的区域市场规则，包括市场准入、诚信体系等。加快建立和完善统一、开放、有序的区域市场体系，打造公正、公平、公开的区域市场环境，实行统一的市场准入原则、公平贸易原则、透明度原则、非歧视性原则。

（3）制定统一的要素流动规则。长三角区域内的各政府要积极引导，加强制度建设，确保各类市场主体能够自由平等地进入区域市场、公正公平地利用区域内的生产要素，打破行政区经济格局造成的市场分割，促进商品和要素在区域共同市场中的自由流动。①

四、长三角湾区城市群生态环境协同发展对策建议

（一）加大行政干预力度

区域的整体性、区域生态系统的关联性，以及整个区域的环境资源作为潜在生产力对区域经济发展的综合影响，决定整个区域各行政区需要联手进行管理。这种协调管理作为一种上层建筑的特殊形式，将反作用于区域环境保护和生产力发展。跨区域联合管理是在承认现有行政体制下进行的，以维持各个行政区的积极性，对于跨行政区的“外部性”问题，可以通过多种形式联合管理解决。

（二）节约和高效利用土地

在人口密集的长三角地区，节约土地资源，使有限的土地资源发挥最大效益，是该地区生态建设的重点之一。当前已有一些成功的经验可以借鉴，如面对日益紧张的土地资源，江苏省苏州市、江阴市和上海市等地紧紧围绕经济发展中心，不断探索土地集约利用的新途径，实现土地利用由粗放向集约的转变，不仅提高了土地利用效率，优化了工业、农业、商业和生活区的布局，而且节约了大量耕地，使长三角地位经济发展跨上了新台阶。

集约用地的前提是科学修编土地，利用总体规划，建立起土地集约利用的宏观引导机制，同时积极实施土地市场收购储备制度。苏州市、江阴市等地对土地利用率先提出“单位面积土地投资强度”控制性指标，要求省级以上开发区每平

---

① 姬兆亮．区域政府协同治理研究 [D]. 上海：上海交通大学，2012：28-36.

方公里实际投入不低于5亿美元，乡镇工业区每平方公里实际投入不低于3亿美元，在土地集约利用方面取得了积极成效。

上海市正式推出《上海产业用地指南》（以下简称《指南》），用5项用地评估标准严把工业建设用地审批关。当前，《指南》已在上海松江、嘉定、青浦等区进行评估试点，收效良好。此外，江苏积极倡导“三集中”用地，土地利用结构不断优化。“三集中”用地，即除道路等工程外，还包括“工业向园区集中、农民向城镇小区集中、农业向生产园区集中”。江阴市确定“工作在园区、居住在镇区、生活在社区”的现代农村新模式，已有6个镇率先建成“无村镇”。

（三）实施“一通三引”工程，促进水资源可持续利用

长三角地区通过“一通三引”工程的实施，使太湖通江达海，建立起芜湖一太湖—杭州湾运河，并有效改善太湖水资源和水生态环境；千岛湖、皖南丘陵和浙南中山区的清洁水，可以进入杭、嘉、湖、宁、绍、上海和苏、锡、常等大中城市，极大地改善长三角地区城市生活用水质量。

“一通”工程，即实施太湖通江达海的“芜湖—太湖—乍浦”运河工程，构建长三角地位南翼便利水运大通道。年引长江水200亿立方米，使太湖每年换水4～5次，湖中所淀积的污染物被长流江水带走，黄浦江、苏州河源头活水滚滚而来，水质将达到3类标准。在汛期，利用太湖—乍浦出海通道，强化太湖洪水南排杭州湾功能，加上原有的北排长江，东出黄浦江的排洪通道，防止太湖流域洪涝灾害。枯水期，由于运河建闸控制湖水水位，又通过芜湖长江提水，太湖保持正常水位，使流域引水便利，以提高流域的抗旱能力。

“三引”工程，一是浙北引水工程，引浙西千岛湖湖水到杭州、嘉兴、上海、苏州等地，供应城市生活用水；二是引皖南丘陵的青弋江、水阳江的陈村水库、港口湾水库的清洁水资源到南京、镇江、常州、无锡等地，提高城市生活用水质量；三是引浙南中山区的湖南镇水库、紧水滩水库水经金华、义乌、东阳再输水到桑州和新昌，经钦村水库调蓄后，一部分调往绍兴地区，一部分引到宁波市。

“三引”工程可以引蓄优质城市生活用水资源近100亿立方米，加上其他辅助调水、蓄水措施，可满足长江以南长三角地区30年用水增长的需要。

（四）加强农业生态环境监测体系建设

加强农业生态环境监测体系建设，确保农业和农村可持续发展，对此可采取积极措施，增加对长三角地区农业生态环境监测网络体系建设的投资力度，完善

省级和重点地（市）县（市、区）的农业环境监测机构，以当地《基本农田保护条例》为依据，抓好基本农田保护区土壤和农产品监测工作，掌握省会城市、重要工矿业区、农业商品粮基地、名特优新农产品基地、农业出口创汇等区域的土壤及农副产品质量状况，全面实现农业生态环境监测工作常规化、规范化和制度化，并实行及时的信息发布制度。

除了在农业生产活动中，因滥用农药、化肥、农膜、饲料添加剂，畜禽、水产养殖业污染外，生活污水、生活垃圾和乡镇企业的污染也较为严重。其中，乡镇企业中污染强度较大的主要是印染、制革、造纸、电镀、化工、冶炼以及非金属矿物制品中的水泥、砖瓦和陶瓷业。对于这些企业，要加强监督管理，并采取投资省、见效快的技术措施，包括严格关停并转“十五”小企业；严格执行环境管理制度，目前最迫切的是要改进并全面推行排污收费制度；严格监督现有污染治理设施的正常运转；实行资源使用和污物排放双重总量控制；鼓励采取成熟的“三废”处理技术。在做好农业生态环境监测体系建设的同时，重点加强生态农业建设的规划设计、工程实施、模式优化等工作，在具体技术措施上，要积极推行有利于农业可持续发展的病虫综合防治技术、物质良性循环和无废物利用技术、立体农业技术、太阳能和生物能利用技术、无公害农产品生产技术等。

（五）编制绿色农产品发展规划

编制科学合理的绿色农产品产业发展规划，并与生态示范区的建设相结合，在高起点上开发绿色农产品。对此，可在现有的生态示范区内，将建立绿色农产品生产基地纳入日常工作，作为生态示范区的一个考核指标。

从当地实际出发，以市场为导向，以绿色农产品生产基地为依托，以源头控制为中心，以组织机制创新为动力，以市场监控为手段，以配套法规建设为保证，以全面提高农产品的质量安全水平与市场竞争力为核心，以农业增效、农民增收为目的，遵循生态学和生态经济学原理，按照“整体、协调、循环、再生”原则，立足实现经济、社会、生态效益的协调统一，以龙头企业、产业协会、农业专业合作社为载体，积极培育绿色农产品品牌，实行基地认证和产品标识管理，促进绿色农产品的健康发展。

当前，虽然绿色食品、有机食品和无公害农产品在对基地要求、操作规程和品质上尚有一定差异，但其出发点和最终目标是相一致的。所以，应当根据各地的自然条件和社会经济条件，灵活掌握，循序渐进。

（六）提倡工业过程生态化

提倡工业过程生态化，推进新型工业化进程。新型工业化的特点是以信息化带动工业化，以工业化促进信息化，从而表现为科技含量高、经济效益好、资源消耗低、环境污染少、人力资源优势得到充分发挥的特点。

产业过程生态化是新型工业化的核心，资源消耗低和环境污染少是其最重要的指标。事实证明，在全球资源已经显现短缺的当前，继续片面地追求经济发展速度而舍弃环境于不顾是错误的。只有把工业化和生态化相结合，推行经济生态化，鼓励发展绿色产业，严禁发展污染严重的产业，限制发展有污染的产业，同时减少资源消耗和资源浪费，推行清洁生产，发展循环经济，提高资源利用效率，变废为宝，才能真正将生态环境变成一种资源。①

第二节　粤港澳大湾区城市群协同发展对策建议

一、粤港澳湾区城市群经济协同发展对策建议

完善顶层制度设计，促进粤港澳大湾区城市群的经济高质量协同发展。

第一，建立粤港澳大湾区经济高质量发展的指标评价体系，引领高质量发展；对标世界湾区与粤港澳大湾区示范城市，优化制度供给，健全知识产权制度，推进政府数据开放，完善资本市场支持科技金融机制，推进要素市场和土地管理制度改革。

第二，通过制度的创新，处理好核心城市与节点城市的关系，增强粤港澳大湾区内部经济联系，充分利用示范城市的产业溢出、知识溢出和金融溢出效应。

第三，优化城市空间格局，构建优势互补的产业分工体系，加快建设以高铁、轻轨等组成的轨道和高速路，实现城市群内部资源的协调发展。加强路网及交通信息网络建设，按照《深化粤港澳合作推进大湾区建设框架协议》，实现网络通信同城化。

以供给侧结构性改革为主线，助推经济结构升级。解决科技企业融资问题，鼓励区域资本市场为新业态发展提供孵化与融资服务；推进科技与企业资源深度

① 刘志彪，孔令池．长三角区域一体化发展特征、问题及基本策略 [J]．安徽大学学报（哲学社会科学版），2019，43（3）：137-147.

融合，积极参与科技创新深度融合与多节点重大创新平台，建立协同工作机制，促进产业协同；进一步推进城镇化进程。

构建创新生态链，开启数字经济新业态。按照《粤港澳大湾区发展规划纲要》要求，发挥龙头企业作用，发展数字和共享经济；按照《广东省促进大数据发展行动计划（2016 — 2020 年）》《广东省数字经济发展规划（2018 — 2025 年）》蓝图，对数字经济进行战略谋划和政策支持；通过创新链培育促进资源要素联动和产业跨界融合，构建产业链孵化体系，充分抓住创新链、产业链、供应链的数字化红利期。

推动绿色发展，大力推进生态文明建设。坚持绿色发展理念，严格遵守耕地保护制度，鼓励绿色低碳，促进经济可持续发展；构建绿色发展的现代化经济体系和生态补偿机制，提高粤港澳大湾区可持续发展能力。①

二、粤港澳湾区城市群产业协同发展对策建议

粤港澳大湾区对外开放度高、经济活力强，与国际一流湾区相比，粤港澳大湾区城市群在经济体量上或是区域竞争力上，均已经具备发展成为世界级湾区的基础条件，但三地产业协同发展的合作分工机制与模式未达到理想状态。当前，粤港澳大湾区建设已经上升为国家战略，成为我国区域经济发展的又一亮点。因此，为促进粤港澳大湾区产业系统协同向更高水平发展，推进三地产业更深层次的合作，特提出如下建议。

（一）推进粤港澳湾区城市群交界区融合

1. 明确城市交界融合具体协调模式

推进城区交界区的融合，首先应清楚相互合作城市间处于城市群的空间结构位置，进而考虑其政府具体职能和协调合作方向。根据不同城市相互之间隶属层级关系，粤港澳湾区城市群交界的政府协调可以分为以下两个实施规划：

（1）交界区城市间隶属不同城市群圈层。该协调类型应在上级决策规划基础上，由圈层协调委员会作为协调基本组织机构，负责相互的联络和组织工作，针对该城市区域范围内的具体规划与专项事务发展协商制定政策措施，并报上级审核通过，同时负责城市协调的监管工作。对于交界区发展和建设具体事务的操

---

① 尹海丹. 粤港澳大湾区城市经济高质量发展评价与对策 [J]. 中国经贸导刊（中），2020（02）：6-9.

作解决，则由相关城市政府组织下属事务机构成立专项合作机构，落实执行。

（2）交界区城市间隶属于不同城市群圈层。该情况同样在上级决策规划基础上，由群区协调委员会组织形成专门协调委员会，作为基本的协调组织机构，联络和组织相关城市的协商对话，制定具体合作事项，并对其进行监督。事项的具体执行操作则联合各城市政府，组织形成专项事务小组。

2. 确定推进城市群交界区融合的操作理念

对接城市在各自行政区划范围内，对原有资源进行管理应保持相应的资源权属不变，对现有产业领域合作实现互补和升级，在交通衔接、基建、环保、住房、治安等方面实施新量共建共享，并结合交界区域优势协商探讨新领域的合作，在存量保持、增量合作、新量双生理念上实现流量互通，以实现交界城市的互利共赢局面，推进城市融合发展。[①]

（二）构建合理的产业发展模式

从粤港澳大湾区的发展模式上进行优化，将以前“前店后厂”的传统模式转变为产业上的多方位集成式融合。粤港湾区应加大力度推进产业升级，积极转变为产业协同的发展模式。

粤港澳大湾区应加强产业分工合作，避免产业过度竞争。在现有的产业优势基础上，以区域产业发展利益和实现互利共赢为目标，港澳地区经济开放度高，自由贸易模式较为成熟，应当进一步发挥“超级联系人”的作用，提升粤港澳地区开放程度，融入国际发展的大环境并参与国际化竞争合作，提升在全球价值链上的地位，创新国际经济贸易新合作方式。在制造业方面的合作，应当合理利用技术、研发、制造和物流等各个单元，优化供应链和产业链的分工和合作模式。同时，港澳应促进先进制造业和现代服务业的产业融合，积极推动地区产业结构升级。

（三）完善产业协同创新体系，加快传统产业转型升级

（1）完善产业协同创新体系。粤港澳大湾区产业系统需要加强科技创新能力，协调三地的科技创新协作；需要推动香港和澳门两地融入区域创新中，以其自身优势建立更为合理的产业协同创新体系。当地政府部门需要建立相应的激励制度，实现区域产业制度创新，与此同时，应当鼓励该地区产学融合建设，培育

① 胡刚，韩世同，刘申宁，等 . 粤港澳城市群发展规划实施对策研究 [J]. 广东科技，2015，24（22）：28-31.

三地的产业协同创新主体，推进当地企业、学校、科研机构等建立合作创新平台，为粤港澳大湾区提供更多创新型人才、设备、资本等创新型要素。

（2）加快传统产业转型升级。粤港澳大湾区的传统制造业转型升级，有利于提高产业系统的发展效率，提高区域产业的国际竞争力。完善现代服务业发展，香港作为国际金融中心，需要引领广州、深圳完善其金融服务体系，加强金融业转型升级。粤港澳大湾区应该依托自身新型产业基础，打造新的产业发展模式，提高创新水平，促进产业转型升级。①

三、粤港澳湾区城市群府际协同发展对策建议

（一）体制机制层面的对策建议

机制层面，力争国家战略的顶层设计，以自贸区为试验平台。

加强顶层设计，保障大湾区融合发展。建言中央加强对粤港澳大湾区发展的统筹规划，加速推进粤港澳大湾区发展规划的编制；建言中央加强各方利益协调，强化联络沟通和政策协调，清除社会经济发展及体制机制改革中的障碍；探索建立新的粤港澳合作机制，并使其日常化、制度化和正式化，提高区域管理的自主权。

完善内地与香港、澳门在《关于建立更紧密经贸关系的安排》（CEPA）框架下的粤港澳经贸合作。强调对业界需求的贴合，准确把握各行各业的政策诉求，避免政策与市场的脱节；提高开放水平，降低市场限制。在金融、保险及法律等港澳占有较大优势的领域中，放低对港澳企业的行业准入标准；加强 CEPA 框架的配套措施，参照国际标准，提高 CEPA 下各行业管理法规的透明度和可操作性，保证政策的落地实施和实质性生效。

以自贸区为制度改革试验先锋，打造大湾区融合发展的示范平台。围绕自由贸易港“境内关外”政策制度特点和香港是世界最大自由港的优势，将自由贸易港打造成支撑粤港澳大湾区建设的关键载体和核心平台；以广州南沙、深圳前海以及珠海横琴为大湾区融合发展的试验平台，推进包括经济、政治与社会等领域在内的各项创新政策与制度革新的先试先行，着力营造改革开放的政策高地。对于试验成果较好的政策措施，可向大湾区内有条件的地区进行推广。

① 张羽，蹇令香，宓淑婧.粤港澳大湾区产业的协同发展[J].大连海事大学学报，2019，45（03）：24-31.

（二）要素流动治理层面的对策建议

要素流动治理层面，需要打破“软”“硬”障碍，促成高端要素流动与汇聚。

减少政策“软制约”，促进湾区内高层次人员高效流动。尽快建立港澳居民来往湾区通行证制度，实现该通行证与内地居民身份证的同条件使用，并能够享受与所在地户籍居民（大湾区内）的同等福利；降低人员通关成本，加强与港、澳口岸部门的协作，探索新通关模式，并在湾区内的主要口岸增加自助查验通道和推行 24 小时通关；研究实施大湾区内机动车的“双向”“可控”与“便利”进入政策，增加允许两地牌照机动车通关的口岸数量，完善港澳单牌机动车进入内地行驶的政策措施。

突破科技要素流动藩篱，建立产学研跨区域合作体系。鼓励科技和专业人才跨区域流动，研究实施更便利的出入境政策、居住政策和更优惠的税收政策；对企业、研究院及高校等用于科研目的的大湾区内物资流通，实行关税减免及行政审批简化，推动实现粤港澳三地科研设备的共享共用；鼓励新兴产业关键技术跨地合作创新，推动创新中心与制作基地联动合作，提升港深创新走廊的规模与水平，打造创新要素集聚、内生创新与基础创新能力拔尖的全球科技创新中心。

疏通资本流动渠道，建立跨境金融合作新机制。推动内地金融服务对接港澳市场，提高内地对港澳基金、保险以及债券等金融产品服务的开放水平；将港澳优质金融体系引进内地，降低港澳金融企业在湾区内设立金融机构的准入门槛；促进湾区内货币的一体化发展，逐步扩大湾区内人民币跨境使用的规模和范围，支持湾区内的银行机构开展多元跨境人民币及相关衍生产品的业务；探索建立湾区内部的金融监管及沟通制度，并加强建设湾区内通行的“信用机制”。

（三）政府治理及公共服务层面的对策建议

政府治理及公共服务层面需要关注民生合作，再造营商环境新优势。

提高政府行政水平，再造广东营商环境新优势。坚持依法行政，建设法治政府，改善区域内司法环境；拓展法治交流渠道，推进内地与港澳在法律咨询、商业仲裁等领域的合作；打造优良的营商环境，充分研究借鉴香港与国际级高水平湾区的市场经济发展经验，提高政府“放、管、服”水平。

全面深化社会民生领域的交流合作，提升大湾区内公共服务水平。探索湾区内社会保障与公共服务的跨区域衔接机制，实现区域内流动人员（包括港澳）与工作地居民在教育、养老、医疗、住房和交通等民生方面的平等待遇；深化跨境医疗合作，创新协作模式，推广成熟经验，吸引港澳医疗机构投资，提高湾区内医疗水平。同时，积极支持香港政府的“广东计划”，为港澳长者赴粤养老提供便利；加强教育合作，探索创新联招考试、免试招生和自主招生等多种形式的招生制度；支持粤港澳高校合作办学，鼓励三地高校教师交流任职。①

四、粤港澳湾区城市群生态环境协同发展对策建议

（一）建立生态环境协同共治机制，实施山水林田湖草生态修复

建立湾区生态环境协同治理合作机构，完善生态建设和环境保护合作机制，统筹湾区生态环境治理问题，实现目标统一、规划统一、标准统一与法律体系统一。开展湾区生态环境保护顶层规划，建立相对一致、更加严格的环境保护目标和环境质量标准体系，针对湿地保护、近岸海域治理、跨域水环境治理、大气环境治理等出台系列专项行动计划。研究制定跨区域生态合作法律法规，在湿地保护、海岸线保护等领域专项立法，推进将环保执法纳入公安部门，建立湾区环境联合监测监察制度、跨界河流与大气联合共治制度、环境基础设施共建制度、环境应急协作处理制度等。

系统实施粤港澳湾区山水林田湖草生态修复，构建完善的湾区生态保护体系，率先推行自然资源管理机制体制改革，严格“三线一单”（生态保护红线、环境质量底线、资源利用上线和环境准入负面清单）管控，对湾区山水林田湖草进行整体保护、系统修复、综合治理。强化生物多样性保护和自然保护区建设，加强退化土地综合治理，加快推进森林碳汇工程建设。开展湿地治理与修复，严格保护红树林等滨海湿地，注重湖泊、河口等淡水湿地资源的保护与恢复，构建功能完备的湾区湿地公园体系。控制填海规模，串联湾区海岸带，打通深港、珠澳跨界绿道，实现湾区休闲廊道的互联互通。

（二）以目标为导向进行环境污染治理

严格实施流域水环境质量目标管理，按照“流域—控制区—控制单元”三级分区体系，实施以控制单元为空间基础、以断面水质为管理目标、以排污许可制为核心的水环境质量目标管理。优化控制单元水质断面监测网络，建立控制单元

① 韩永辉，张帆．促进粤港澳大湾区融合发展的思路与对策[J]．中国国情国力，2018(08)：56-58.

产排污与海域、断面水质响应反馈机制，明确划分控制单元水环境质量责任，未达标水质断面所在的控制单元制订专项达标方案。推行水污染第三方治理，突出上下游、支流连片区域联防联治，加快消除城区黑臭水体。探索实施流域生态的补偿，重点保证供水水质安全。

分类实施空气质量稳定达标管控，全面实施城市空气质量达标管理，树立标杆城市，力争先行达到比肩国外先进地区的标准。全面深化联防联控，统筹防治臭氧与细颗粒物污染，重点加强挥发性有机物和氮氧化物协同控制，严格控制煤炭消费总量。

严格控制入海污染物总量，规范入海排污口设置，清理设置不合理的入海排污口，实施入海污染物总量控制。落实珠三角水域船舶排放控制区管理政策，强化港口污染物控制，严控油品质量，靠港船舶优先使用岸电，打造低碳生态港口集群。

（三）建立分工明确的绿色发展体系

在粤港合作、深港合作等工作基础上，依托湾区产业优势，探索各城市差异化、特色化与梯队化发展模式。以三大优势产业为基础，打造世界级现代产业集群，以深圳为中心，完善创新合作体制机制，强化前海深港合作区示范功能，合作打造全球科技创新平台，建设粤港澳湾区创新共同体，打造全球重要科技产业创新中心和成果转化基地；以广州为核心，加快推动传统产业转型升级，重点培育发展新一代的信息技术、高端装备、生物技术、新材料、节能环保、新能源汽车等战略新兴产业集群，打造转型升级与智能制造经济示范区；以香港为中枢，推动粤港澳金融竞合有序、协同发展，培育金融合作新平台，扩大内地与港澳金融市场要素的双向开放与联通，建成具有国际竞争力的金融核心圈。①

---

① 陈龙，徐婷婷，褚艳玲，等．粤港澳大湾区生态环境合作治理对策建议[J].绿色科技，2019（16）：88-91.

参考文献

一、著作类

[1] 马化腾，王晓冰，谈天，等 . 粤港澳大湾区 [M]. 北京：中信出版社，2018.

[2] 冼雪琳 . 世界湾区与深圳湾区经济发展战略 [M]. 北京：北京理工大学出版社，2017.

二、期刊类

[1] 安虎森，朱妍 . 产业集群理论及其进展 [J]. 南开经济研究，2003（03）：31-36.

[2] 暴琪 . 长三角经济现代化战略研究 [D]. 上海：华东师范大学，2012：157-173.

[3] 陈龙，徐婷婷，褚艳玲，等 . 粤港澳大湾区生态环境合作治理对策建议 [J]. 绿色科技，2019（16）：88-91.

[4] 陈楠，陈可石，方丹青，等 . 中心区的混合功能与城市尺度构建关系——新加坡滨海湾区模式的启示 [J]. 国际城市规划，2017，32（5）：96 -103.

[5] 程敏，陈辉 . 城市基础设施系统长效性评价研究 [J]. 工业技术经济，2012，（11）：84-88.

[6] 程万慧，魏庆朝，白雁，等 . 美国旧金山湾区捷运系统 [J]. 都市快轨交通，2013，26（1）：116-120.

[7] 范丹，王明旭 . 国际三大湾区环境保护对粤港澳大湾区的经验启示 [J]. 环境科学与管理，2019，44（04）：13 -16.

[8] 范少帅 . 城市群府际联席会机制的运行及其优化策略研究 [D]. 湘潭：湘潭大学，2019：20 -35.

[9] 傅成红 . 城市群综合交通运输承载力及协调性评价 [J]. 交通运输系统工程与信息，2017，17（2）：21-27.

[10] 韩佳 . 长江三角洲区域经济一体化发展研究 [D]. 上海：华东师范大学，2008：95–129.

[11] 韩永辉，张帆 . 促进粤港澳大湾区融合发展的思路与对策 [J]. 中国国情国力，2018（08）：56–58.

[12] 胡昌送，张俊平 . 粤港澳大湾区交通高等教育协同发展的机制与路径研究 [J]. 广东交通职业技术学院学报，2019，18（4）：81–85.

[13] 胡刚，韩世同，刘申宁，等 . 粤港澳城市群发展规划实施对策研究 [J]. 广东科技，2015，24（22）：28 –31.

[14] 姬兆亮 . 区域政府协同治理研究 [D]. 上海：上海交通大学，2012：28–36.

[15] 李伟 . 粤港澳服务贸易自由化若干法律问题研究 [D]. 广州：广东财经大学，2016：10 –16.

[16] 李政道 . 粤港澳大湾区海陆经济一体化发展研究 [D]. 沈阳：辽宁大学，2019：8–27.

[17] 刘毅，王云，李宏，等 . 世界级湾区产业发展对粤港澳大湾区建设的启示 [J]. 中国科学院院刊，2020，35（3）：312–321.

[18] 刘志彪，孔令池 . 长三角区域一体化发展特征、问题及基本策略 [J]. 安徽大学学报（哲学社会科学版），2019，43（3）：137–147.

[19] 卢虹虹 . 长江三角洲城市群城市化与生态环境协调发展比较研究 [D]. 上海：复旦大学，2012：60–63.

[20] 鲁志国，潘凤，闫振坤，等 . 全球湾区经济比较与综合评价研究 [J]. 科技进步与对策，2015，（11）：112–115.

[21] 毛琼 . 长三角地区交通一体化研究 [D]. 上海：上海海事大学，2005：34 –38.

[22] 穆一戈 . 长三角产业协同发展模式与机制研究 [D]. 上海：上海工程技术大学，2015：73–80.

[23] 孙焕丽 . 滨海湾区城市空间发展研究 [D]. 天津：天津大学，2009：5–58.

[24] 孙亚南 . 新常态下长三角一体化的机遇与挑战 [J]. 当代经济管理，2015，37（10）：65–68.

[25] 田美玲 . 长江经济带城市旅游协同发展模式探究 [J]. 湖北农业科学，2019，58（19）：28–31.

[26] 王贺兰 . 日本东京湾港口城市产业圈建设中的教育发展策略 [J]. 河北学刊，

2008，28（2）：217–219.

[27] 魏勇强，张振宇 . 长三角城市群协同发展机制研究 [J]. 现代管理科学，2019，（3）：21–23.

[28] 武文霞 . 粤港澳大湾区城市群协同发展路径探讨 [J]. 江淮论坛，2019，（4）：29–34.

[29] 熊健，孙娟，王世营，等 . 长三角区域规划协同的上海实践与思考 [J]. 城市规划学刊，2019，（1）：50 –59.

[30] 杨洁，王国胤，李帅，等 . 基于边界域的邻域知识距离度量模型 [J]. 计算机科学，2020，47（3）：61–66.

[31] 尹海丹 . 粤港澳大湾区城市经济高质量发展评价与对策 [J]. 中国经贸导刊（中），2020（02）：6–9.

[32] 余呈先，郭东强 . 知识经济阈境下增长极理论在中国的困境与范式转换 [J]. 宏观经济研究，2011（08）：51–55+71.

[33] 臧志彭 . 世界一流湾区传媒产业发展经验及对粤港澳大湾区的战略启示 [J]. 中国出版，2019，（17）：30 –33.

[34] 张廉英 . 粤港澳大湾区环境治理中的政府合作研究 [D]. 广州：中共广东省委党校，2018：17–21.

[35] 张羽，蹇令香，宓淑婧 . 粤港澳大湾区产业的协同发展 [J]. 大连海事大学学报，2019，45（03）：24–31.

[36] 朱宏伟，王琪.粤港澳大湾区协同机制建设研究[J].经济研究导刊，2019，（25）：57–59.

[37] 朱丽，陈峻，何鹏，等 . 基于主成分分析的城市空间形态与公交发展协调性研究 [J]. 南京理工大学学报（自然科学版），2019，43（3）：353–362.

[38] 邹军，姚秀利，侯冰婕 . “双新”背景下我国城市群空间协同发展研究——以长三角城市群为例 [J]. 城市规划，2015，39（04）：9–14+26.